U0642673

谨以此书

纪念马国兴先生（1943.9—2011.6）

逝世十周年

人文武术精品书系

勿使前辈之遗珍失于我手
勿使国术之精神止于我身

马国兴释读

浑元剑经

马国兴 释读 · 崔虎刚 整理

北京科学技术出版社

图书在版编目（CIP）数据

马国兴释读《浑元剑经》/ 马国兴释读；崔虎刚整
理 . —— 北京：北京科学技术出版社，2024.1（2024.7 重印）
ISBN 978-7-5714-1212-8

Ⅰ . ①马… Ⅱ . ①马… ②崔… Ⅲ . ①剑术（武术）—
套路（武术）—中国—明代②《浑元剑经》—研究 Ⅳ .
① G852.24

中国版本图书馆 CIP 数据核字（2020）第 222657 号

策划编辑：王跃平
责任编辑：李博伦
责任校对：贾　荣
责任印制：张　良
封面设计：何　瑛
出 版 人：曾庆宇
出版发行：北京科学技术出版社
社　　址：北京西直门南大街 16 号
邮政编码：100035
电话传真：0086-10-66135495（总编室）
　　　　　0086-10-66113227（发行部）
网　　址：www.bkydw.cn
印　　刷：保定市中画美凯印刷有限公司
开　　本：710 mm × 1000 mm　1/16
字　　数：210 千字
印　　张：17.75
插　　页：4
版　　次：2024 年 1 月第 1 版
印　　次：2024 年 7 月第 3 次印刷
ISBN 978-7-5714-1212-8
定　　价：98.00 元

京科版图书，版权所有，侵权必究。
京科版图书，印装差错，负责退换。

前　言

　　马国兴先生，祖籍河北肃宁，出生于北京，七岁启蒙，随父修炼传统拳术内、外功夫及基本攻防技法，功夫早成，青年时期即练就"骨响齐鸣"之功。后回到祖籍地，随其堂祖马金铎、表祖柳明三、师爷田京奎三人继续深造，常以其中一人之秘授打法求教另一人之破法，再于第三人处印证，循环往复。十年后，终至懂劲之艺境，以独臂练就了"浑身是手"的功夫。

　　自 1998 年开始，在常学刚先生和我的支持与帮助下，马国兴先生在《武魂》杂志上连续发表多篇署名文章，遂为武学界所瞩目。同期，经我推荐，在王占伟先生及王跃平编辑的帮助下，马国兴先生正式出版了《古拳论阐释》《古拳论阐释续编》《龙涎集》等传统拳术著作。这些作品不仅有助于广大武术爱好者理解拳术技法，而且提高了人们对我国传统文化与传统武学的认识，在武学界引起很大反响。

　　马国兴先生一生刻苦修炼传统拳术，潜心于我国古典拳术理论研究，以自身实修的功夫体验印证前人的著述，力求用中国古代哲学思想认识并阐发传统拳术攻防之道的修炼、建体、至用及攻防艺境升华的系列方法，以此形成了一套独特的"马氏武学体系"，即以《易经》《道德经》《黄帝内经》及兵家理论等为核心的传统拳术理法体系。其著有"中华拳术明镜录"系列书稿近百部（包括《易经卷》《道德经卷》《孙子兵法卷》《浑元剑经阐释》

《少林拳经阐释》《太极拳经经论注解》《拳术内外功法卷》等），是当今武术界以传统文化释论拳术攻防之道的第一人。

历经多年，克服重重困难，北京科学技术出版社此次推出"马国兴释读武学经典（全4册）"系列，是对《浑元剑经》及经典太极拳谱于传统文化视角解读的有益补充。这四本著作将《易经》《道德经》《黄帝内经》及兵家理论等深入地贯穿于论述之中，将刷新学人对太极拳谱及元末明初毕坤先生的《浑元剑经》的认识。

当今传统武术的传承存在着两个"断代"：一是传统拳术知识与文化的断代，二是传统拳术理论与系统化训练的断代。面对前人留下的大量珍贵拳谱、拳论，现代人观之往往如读天书，不明所以。本系列书籍的出版，或许能为传统拳术爱好者们点亮一盏心灯，于断代之间架起一座桥梁，使今人一窥古人拳法之奥妙。但古籍注释难免挂一漏万，斯人已逝，未尽之处，尚请读者谅解。

马国兴先生常说："古人诚不欺我，故我不欺人也！"值得一提的是，马国兴先生在该系列丛书中介绍了其很少公开的具体功法，这些功法内外相生、别具一格，期望有心人能借此良机将其发扬光大。

我常想，若马国兴先生尚在，今日留存的《母子拳》等大量珍贵拳谱尚有人可解，而今惟有长叹了！

崔虎刚谨书

内容提要

《浑元剑经》，明毕坤撰。坤字云龙，明际剑客，隐居山中。此书分内外两篇，"内篇"为剑术理法、体用法则，"外篇"为剑术招法及练用法则。

械术、拳术皆为手战之道，拳术功夫乃械术之基础。兵器练用之理法，与拳术练用之理法紧密相连。

《浑元剑经》论剑道修炼之理法，解开了传统手战之道理法的千古之谜。此经产生于元末明初，上承宋元，下启明清，揭示了传统手战之道千古真传的脉络，阐述了手战之道修炼、建体、至用及攻防功夫艺境升华的秘诀、宗旨和过程，使我们明白，明清时期传统手战之道的发展、完善，是有历史原因的。

此经能够指导我们合理看待传统手战之道并正确修炼之。其于传统手战之道的继承和发扬，功劳大矣！

《浑元剑经》将修炼、建体、至用及攻防功夫艺境升华的理法阐述得精辟详密，尤其是运用《易经》中"三才"学说阐述的"三才浑化如一之体、一元三玄之用"的理法，将《越女论剑道》中"阴衰阳兴、布形候气、与神俱往"的本质揭示了出来。它使我们领悟到传统手战之道自古一脉相传的真谛，使习拳者对传统手战之道的认识更加深入。

序

　　《浑元剑经》一书据传为明际剑客毕坤（字云龙）所著，向无刻本，亦无人校释，少为世人所知。今幸有国术明家马国兴先生，据中国国家图书馆藏之清末抄本，以十五万言对全经加以详释，著成《马国兴释读〈浑元剑经〉》一书。

　　国术乃中华民族传统文化中修证自强之学问，此书之问世，使修炼传统拳术者不必苦苦搜珍猎奇，一揭传统手战之道修炼、建体、至用及攻防功夫艺境升华的精旨妙谛，功实大欤！

2003 年 6 月

赵嬴州书于北京养德斋

自 序

习武者若能得到一部传统手战之道的秘诀经谱,必有如获至宝之感。成书于元末明初时期并流传至今的《浑元剑经》,实为弥足珍贵的武学真传秘本。

《浑元剑经》曾数次刊行,惜未引起武术界人士的广泛关注,而笔者有幸阐释其奥义,深感《浑元剑经》学术价值和历史文化价值之大。其理、法、术、功、形、意、体、用的方法之全面,对练、体、用阐述之透彻,传统武术经谱中少有能与其比拟者。

其立意传真,宗三一一三之旨,昭明以剑术成道的修炼方法。在论述修炼之精义时以"仰人何谓乎先?涵养之以静以蕴其继(体),灵妙之以动以畅其用""体非无以立其大本,用非无以彻其元功",明确了静动双修的先后顺序和本末关系。此皆为传统手战之道修炼、建体、至用的基本法则和规矩。

《浑元剑经》申明:"浑之为体也,纯而笃静;其为用也,动而多玄。……又以灵神,浑化清、宁而一之,更至于空灵。是统三才于一致,内而精、气、神无少缺欠;外而筋、骨、皮一息坚融,至是则内空灵,而外灵便。"同时指明:驭静以动,动中亦静,动静互为其根;柔化刚发,以柔用刚,阴阳迭神其用。

《浑元剑经》提出了形、气、神三层功夫艺境说。其文曰:"故君子有三变,望之俨然,即之也温,听其言也厉。功用到此,谓文兼武全将相身,更必出处有道焉!"

その"三変"之说，即形剑、气剑、神剑的三层功夫艺境说。如以拳术攻防功夫艺境而言，就是形拳招熟，气拳懂劲，神拳神明。这与形意拳明劲、暗劲、化劲的分法，以及王宗岳《太极拳论》中所说的"由招熟而渐悟懂劲，由懂劲而阶及神明"有异曲同工之妙。

"灵源秘笈"中的"刺猿剑法"提出了形剑的至妙变化之自出，十二式合一式，身柔若絮，灵活稳准，亦与传统拳术中形拳招熟的功成标准相同。

"飞仙剑法"中提出了气剑的"含形随应致变，皆以他力取法，要在心空灵而手灵妙，动静皆自然，时至神知"，亦同传统拳术中气拳懂劲的功成标准。

《浑元剑经》在"要诀"中描述了练至神明艺境后剑道合一的标准："紧中急，急中猝；勿迟延，勿少燥；来无影，去无踪，一团清风倏忽。舒以长其筋，缓以蓄其力，迟以运其神，含以招其妙，活以猝其式，短以应其变，长以发其威。不惊不惧要留神，平其气分和其心。一声骇得他人动，便是乘机致胜门。"

这段话中的"来无影，去无踪，一团清风倏忽"，其实就是对自己的法身道体的描述。而对此道体的描述还有不少，增补记录如下，以为对照。

放之则弥六合，其大无外，无所不容；卷之则退藏于密，其小无内，无其所入；卷放得其时中，丝毫无差，无不切机。

炼剑莫先于炼气，炼气要首，在于存神。存神之始功，根于固精。能此方可以论剑之练法，否则作辍之，鲜有成为完璧者。

直外便能和中，炼形亦可长生，活动筋骨身轻灵，周身气血力加增。

工夫贵勿刚勿缓，和平得中，且存且养，内外兼济。

以上诸论，皆与《浑元剑经》"身道之体的存在，有利于内功法修炼"的论点相呼应。

《浑元剑经》详细介绍了内功法中三步睡功夫的六字诀，即"提、催、灵、闰（音按）、妙、工"之修法；行走之间三字诀，即"清、净、定"的详细内容；得诀破七壳，即"玄通、灵根、妙钥、统真、通枢、涵神、洞幽、左辅元龙、右辅白虎"及"壳通"的种种景象。这在一般武学经谱中皆属较为罕见的内容。

《浑元剑经》在外技修炼方面，提出了"喂手""盘较"的说法及修炼的系统方法。其"初基等级详序"一文中的"十步功法"，对各层的修炼内容、等级划分标准等，陈述得全面详密又精辟至极。

《浑元剑经》中"飞罡式、飞罡文、告文式、天清咒"的图示、文字歌诀及论述，记录了世传"踏罡步斗"的练习方法，即"直养自然先天之力，在神为非人力，无害者乃顺生机之自然，去其害生机者也。养至真息圆满，百慧丛生，永无生灭。小可经纶，大可赞育天地，故曰则塞于天地之间。"一辟过去俗人妄传的迷信说法，阐明了"直养的法身道体乃为太和一气"这一传统手战之道正确的修炼方法。

《浑元剑经》使我们对传统拳术（无论外家拳法、内家拳法）攻防之道中"形拳招熟、气拳懂劲、神拳神明"这种种艺境的分别，看得更加清楚明白。《浑元剑经》为我们重新认识历史上外家拳法与内家拳法的争论及内家拳法的形成时期提供了新的角度。《浑元剑经》是元末明初的产物，它的出现同当时的武学有着千丝万缕的联系。明清两代武学大家的学术成果以及论述，基本未能超出《浑元剑经》。《浑元剑经》为何未被明清两代的武学大家发现或重视？《浑元剑经》的思想，又何以会或隐或现地影响同时代的武学著作？这些问题提醒我们，应该对元、明、清三个时期中国武术的发展情况进行再认识。这也是《浑元剑经》的价值之一。

此外本书的问世，让现代习拳者有了一个深刻思考的机会，即现代人应当如何修炼传统拳术攻防之道，才能充分体现其体用的精旨妙义。《浑元剑经》在修炼、建体、至用等方面所揭示出来的妙义，为我们继承、发扬传统武术，把握其发展趋势，提供了成功的可能，这亦是《浑元剑经》现实指导意义的体现。

在本书即将付梓之际，我写下此序，略表对《浑元剑经》的钟爱之情。《浑元剑经》一书阐述了剑道的理、法、术、功、形、意、体、用等，内容丰富，结构完善，布局合理。我亦未能通解，疏漏之处，尚祈读者见谅。在释读中，我根据文意，对《浑元剑经》部分篇章顺序略有调整、补充，特此说明。此文权当读者诸君进入迷宫的一把钥匙吧。正是：

奇文共欣赏，精髓自得之。

与友论妙谛，晓喻后觉知。

马国兴

2004 年 3 月书于北京

目　录

I

仙脉阐宗

题解

中国古代的修身流派之中，有"修真"派，又称仙宗一脉。此脉多习剑术，内修、外修合一，称"剑道"。"剑道"，为仙宗一脉的主要修炼内容。

繄自剑之肇基也哉，于元始天尊，本乎先天一气之意，则乎木性之曲直，火功之锻炼，土性之浑厚，金质之刚柔，水德之清决，因以象形制器、会意剑法，而剑甫成，以为形。

彼时分九宫九式，九九共络而成，八十一式而已。嗣传于盘古氏，以降之伏牛氏，遂分门别式，立意传真，亦宗三一一三之旨，剑仪殆备。后又传之唐李靖、李谪仙等。当太宗之时，剑术大兴。善斯技者，精而且备。自唐以后，越宋元二代之久，虽精于外功者不少，能行内功者几希。

历于明初元末间，有毕坤者，字云龙，于韶龄之年，得异授于伏牛氏，因以遁于川之南山水莲洞。昼则采薪以自食其力，夕便内外兼修。如此者百余载，而神坠形爽，周游宇中。又阅百余载，始缘遇得以融神超脱。

由明溯至于今，数百载以来，克以剑术成道，神化之功曾未闻见也。由斯观之，剑虽微技，其旨趣亦浩渺焉。是传脉之要诀，内篇为首。即由人仙而地仙而天仙之阶梯，可不言而喻也。

今则毕氏复不敢秘其渡迷之宝筏，济世全形之梁舆，更授之于大清北直顺天府，奉先郡邑，西南周口里之仙宗派者，其意将欲继绝学，开后觉于将来也。特此谨识。

清真玉妙通玄真人心坛　敬撰

聚云山主许地云　敬书

繄自剑之肇基也哉，于元始天尊，本乎先天一气之意，则乎木性之曲直，火功之锻炼，土性之浑厚，金质之刚柔，水德之清决，因以象形制器、会意剑法，而剑甫成，以为形

阐释

此段直述造剑和剑术起自元始天尊。元始天尊，道教三清之首，道教认为其是"主宰天界之祖"，在太元（即宇宙）诞生之前便已存在，所以尊为"元始"。道家秉承"一气化三清"之说，一气，即先天一气。在这里，元始天尊实际是造剑器、创剑术的先人们的象征。元始者，初也。天尊者，大也，大道也。先人们根据天道木、火、土、金、水五行生克制化的道理，造出了剑这一攻防器具，并创造了剑术和剑道的练、体、用等一系列功法。

彼时分九宫九式，九九共络而成，八十一式而已。嗣传于盘古氏，以降之伏牛氏，遂分门别式，立意传真，亦宗三一一三之旨，剑仪殆备。后又传之唐李靖、李谪仙等。当太宗之时，剑术大兴。善斯技者，精而且备。自唐以后，越宋元二代之久，虽精于外功者不少，能行内功者几希

阐释

九宫九式，共计八十一式之说，乃尊夏朝《连山易》之说法，又依《易》之"洛书"九宫说而立。传统手战之道的"一手拆八手、八手破一招"的练用拆手破招法，可为之证明。"嗣传于盘古氏，以降之伏牛氏"，讲述了继元始天尊之后，又下传了盘古氏、伏牛氏。此处似有不实之处。这样来说，元始天尊、盘古氏、伏牛氏似乎是三个人，而实际上元始天尊乃喻指先天一气，盘古喻天地阴阳剖判，二者皆是人格化了的神，并非具体指某人。而伏牛氏，

则是指写《道德经》的老子。老子骑青牛西行，出函谷关而不知所终，留《道德经》五千言传世，道家仙宗一脉皆尊老子为鼻祖。此句旨在说明，剑术传到伏牛氏，遂按"道生一、一生二、二生三、三生万物"的顺生模式分门别式，立意传真。这正是老子所言的"顺生、逆修"之基本法则，即所谓"三——三之旨"。

"剑仪殆备"四字，说明到了伏牛氏时期，剑、剑术、剑道已经达到了比较完备的程度。这一点从当时出土的剑器和《越女论剑道》一文可以得到印证。

此后剑术经历了唐代初期、中期"善斯技者，精而且备"的兴盛阶段和宋元二代"虽精于外功者不少，能行内功者几希"的衰退阶段。

历宋元二代，剑道衰落。"虽精于外功者不少，能行内功者几希"两句，提出了"内功、外功"的概念，这一点应当引起现在习拳者的高度注意。一是内功为何？二是修法内容为何？这两点应是《浑元剑经》的精髓。此段对"内功不通，纯外功之精，不为手战之道真传一脉"这一观点表述得相当明确。

> 历于明初元末间，有毕坤者，字云龙，于韶龄之年，得异授于伏牛氏，因以遁于川之南山水莲洞。昼则采薪以自食其力，夕便内外兼修。如此者百余载，而神坚形爽，周游宇中。又阅百余载，始缘遇得以融神超脱

阐释

此段说元末明初时期，有个名毕坤字云龙的人，年轻时得伏牛氏特殊的传授（当指《浑元剑经》记述的剑术、剑道），于是隐居于川之南山水莲洞，白天砍柴，晚上修炼，百余年而"神

坠形爽，周游宇中"。后又经历了百余年，遇到机缘"融神超脱"了。（融神指心神融会贯通，领悟明白；超脱指超脱凡尘，是成仙的隐喻。）按此段说，毕坤在人世二百余年终得羽化登仙，此为美化毕坤而编造的神话。

由明溯至于今，数百载以来，克以剑术成道，神化之功曾未闻见也。由斯观之，剑虽微技，其旨趣亦浩渺焉。是传脉之要诀，内篇为首。即由人仙而地仙而天仙之阶梯，可不言而喻也

阐释

由明至今（此文写作之时）数百载以来，能够修炼剑术以成道，达到出神入化之功夫艺境者，未曾听说或见到。而从这件事（指毕坤由剑入道修炼成功的事迹）看来，剑术虽是微末小技，但其宗旨也是广阔无边的，是一脉真传的功法。本经以"内篇"为首，讲述的是由人仙而地仙而天仙的进功升华的阶梯，这是不言而喻的事情。

文中所谓"人仙、地仙、天仙"之说，是由仙学一脉的"鬼仙、地仙、人仙、神仙、天仙"五个修炼品级脱化而来，喻指修炼功夫的水平、功能、艺境的等级，并无神秘色彩，读者不可不知。

今则毕氏复不敢秘其渡迷之宝筏，济世全形之梁舆，更授之于大清北直顺天府，奉先郡邑，西南周口里之仙宗派者，其意将欲继绝学，开后觉于将来也。特此谨识。

清真玉妙通玄真人心坛　敬撰
聚云山主许地云　敬书

阐释

此段指出，现今毕氏已不再对其修道成功的方法（即所谓的"宝筏""梁舆"）保密，将其法传授给了"北直顺天府，奉先郡邑，西南周口里"的仙宗派之人，意在将来"继绝学，开后觉"。

《仙脉阐宗》一文中，谜团甚多：毕氏乃元末明初之人，其《浑元剑经》是何时成书的？为什么明代的剑学大家中没有毕氏的名号？整个明代，为何也未见有介绍《浑元剑经》的作品？而为何独到了清末时期，才见此经出世？这都是未知之谜。

而在《仙脉阐宗》一文中，只记载毕氏传授给"西南周口里之仙宗派者"，而其弟子姓甚名谁、仙号为何？皆未见指出。这在仙宗真传一脉传承中实属罕见。

据笔者揣测，有两种可能：一种是毕氏得传修炼体认以后，年事已高，携谱云游。云游到北直顺天府、奉先郡邑、西南周口里一带，住在道观里。自知不久于人世，将所撰《浑元剑经》赠给道观中人。因不能亲自传授，故没有亲传弟子。此经后来就一直藏于观中，直到清朝时，才有人将其传抄。如今有清末抄本藏于中国国家图书馆中。

另一种是：毕坤原是明初战将，后因某种原因触怒朝廷，藏身于道观中著《浑元剑经》。著完之后，将此经藏于观中，作为镇观之宝，并嘱后人不可示人。是以自明朝起二百七十年来未见《浑元剑经》流行于世。

前后联系起来看，毕氏可能只撰写了《浑元剑经》，并没有剑道的亲授传人。即有亲传之人，亦未形成流派。幸而其谱留了下来，还能为今人所用。

至于撰写此文的通玄真人和抄录此文的许地云，事迹不详，待考。

浑元剑经戒律

题解

在全书结构中，戒律二十条、四宜、四忌、四勿、四权、总歌诀六项内容相对独立，类似于我们今天所说的"习武须知"，故笔者将此六项内容归纳为"浑元剑经戒律"，独立于序文、内篇、外篇之外。

戒律二十条

面不改色，舒展自如，小心谨慎，取舍分明，身曲剑直，精神团聚，动转清灵，步法灵稳，心平气和，力贯周身，进退有法，剑莫轻动，闪展轻灵，变化莫测，随其枢机，看其形色，式来当审，预知敌意，后手莫离怀，看地势险夷宽窄。

阐释

传统手战之道各门派皆有门规戒律，多以弃恶扬善、奉公律己、孝仪天下等为其首要内容。然此"戒律二十条"，却以手战功夫的修炼、建体、至用之内容作为首要。可见毕云龙先生的传道、授艺，其思想是注重功夫，真可谓立意鲜明，别具一格。再有，此戒律并未说《浑元剑经》属于何宗何派何门，其内容也并未落入现存的门派中。故当今各派的修炼之人，都可参照习用。这是《浑元剑经》的又一独特之处。此戒律也未看出是"清真玉妙通玄真人"所说的仙宗真传一脉所独有的。此经于传统手战之道的修炼，具有广泛的意义。前可解释《越女论剑道》一文的精髓，后可阐释现存于世的各家拳谱中论手战功夫诸说的宗旨，无有不合。

面不改色，舒展自如

阐释

夫将者必独见独知，见人所不见，知人所不知。见人所不见，谓之明；知人所不知，谓之神。神明者，先胜者也。先胜者，其守而不可攻。其战则不可胜，其攻亦不可守。故神明于内，和颜于外，具有泰山崩于面前心不惊，身处崖侧色不改之胆识，神明于内，听探良知于内，顺化良能于外，则攻防拳势接应必变换舒展自如，变化无形又无穷也。能时时处处得机得势，自立于不败之境，此乃人一身真实攻防功夫的体现，非装模作样无艺之徒可比。

小心谨慎，取舍分明

阐释

一个人从开始修炼的时候，就要小心谨慎，知道取文练法而舍糊涂练法、武练法、横练法。"不以恶小而为之，不以善小而不为"，惟天道而适从，循序而进阶，此乃积善通达造化之捷径。这是对修炼而言。在实战中，惟取顺其势，借其力；让力头，打力尾；粘走相生，化打合一等方法以用之，以意气君来骨肉臣，尚德不尚力之无争为争的准则，舍掉以力斗力、以争用争、顶偏丢抗之病，我守我疆，伺机待势而动，才谓之修炼取舍分明。

身曲剑直

阐释

此论"身曲"二字，乃体用之法合言。以体言：身法之外形要具备柔若无骨的无形又无穷的能力。以用言：柔若无骨而无形又无穷，才是外形最佳的状态。剑术，剑以身为体，身以剑为用。身曲则能有剑之直用。双方格斗较胜负，首要法则为"避实击虚"。无身体曲蓄之变化，无法避其击，此乃"曲中求直"之艺境。用剑诸法，皆在于用中之直，因为两点最近距离是直线。剑之直行直用，最为简捷。无身体曲蓄，剑亦不能至于敌身而奏效。拳诀云："常收时放是操持，舒少卷多用更奇。"此诀中的"常收时放"中的常收，"舒少卷多"中的卷多，乃"身曲"的体用精华。

剑器之体，一尖两刃，本具中正刚直之特性。剑器直行直用是其不可见之元玄机窍，亦只有"身曲"才能行剑器直行直用之元玄机势，此乃剑法独特之处。俞大猷《剑经》有"中直八刚十二柔"，虽论的是棍法，但与剑法相通，阐明了"中在直用"之中，无中无直，用中必直。这从剑法的格、刺、洗、剃、滚等诸法皆在于"用中之直"可证，因为两点之间最近距离是直线，故而剑之直行直用，最为简捷。但又必知剑之直行直用，乃是由身法的曲蓄生化出来的，"曲中求直"亦是用剑的基本方法，应明了"直行直用"和"身曲"两者的体用、本末关系。

精神团聚，动转清灵

阐释

此精神团聚，有数法之说：

一为炼精化气，内气积聚，具"神以知来，智以藏往"的功能。此气乃元精所化之物，故可从精气而论，亦可从神气而论，舍气直以"精神"论之亦可。"动转清灵"的"清"字，是说自身之内气功夫，所谓"天得一以清"也。又有《越女论剑道》中"凡手战之道，内实精神，外示安仪"和《易筋经·贯气诀》中"十二节屈伸往来内外上下论"一文中"骨节者，骨之空隙也，乃人身之谿谷，为神明所流注。此处精神填实，则如铁如钢，屈之不能伸，伸则不能屈，气力方全"。由此可知，"精神""神明"皆指内气。

二为"外形似流水"的精神团聚之说。精之在身，无处不存，形之所成，精气阴聚而结之，人身者，精神一元之团聚者也。无精神，则无自身，此乃心物一元之说法，精神代表内外合一而言。

三为内外合一之精神团聚说，即内气、外形、灵神的三元归一，又是《九要论·一要》中"所谓一者，从首项至足底，内而脏腑筋骨，外而肌肉皮肤、五官、四肢百骸，相联为一贯之者"。

此三说当以第一说为主，因有"精神团聚，动转清灵"的"清灵"之缘故，才有内气的清灵之用。

步法灵稳，心平气和

阐释

步法乃身之进退舟车，灵活稳健，方可运用。坚定稳固，在于内气凝炼于足；灵活变通，在于内气升腾于足。内气、外形相互为用，从内气与双足的劲形阴阳逆从反蓄之法中，方见步法灵稳之运用。以内气为身之君主，外形为身之臣民，即"宾主分明，则中道皇皇"的精义。

自身的攻防机制，必心气平静，呼吸之气和缓，才能使自身内气、外形相互为用的攻防机制达到最佳状态，即全身具备听探之良知，顺化之良能，何独步法！但劲从足下起，步法为一身动变之根，知根达本，不可忽之。

力贯周身，进退有法

阐释

"力贯周身"之力，乃拳家所言之自然力，非指后天外形的筋劲骨力或肌肉爆发力。从内气而论，又指内气统贯周身之意。此力是浑元如一的自然力，有不力自力的功效。

双方较技，避实击虚，是攻防动变之总法则。见隙而入，乘隙而进，乃进击之时机。具体而言，又有步法之进、身法之进、手法之进、三法合一而进及依序而进的区别。凡进，则进当进之所，择当进之法。如步法之进则先进前足，后足跟进。手法有前手进击不中，复起后手跟进击之。身法有闪展的左闪右展，右闪左展；趋避法的左趋右避，左避右趋；伸缩法的上缩下伸，下缩上伸等。诸般进法数不胜数，皆应一并研究修炼而精用之。退法亦如是。能进则进，不能进则退，亦在上述进法中求之。

要知进退互根之理，前人总结有六进法，实含六退法在其中。要达到"进则人所不及知，退亦人所莫明速"。然不能"力贯周身"内外合一，则不能精确做到上述要求。

"力贯周身"四字，是手战之道的核心，非单就进退之法而言。

剑莫轻动，闪展轻灵

阐释

剑莫轻动，乃"以不动之腰脊，催动动之手足"之意。剑法乃"身曲剑直",以身动为主,以身曲变化为法,直行直用,乃不疾而速之正法,不快自快。此亦与拳术中手不妄动,而以步法、身法完成之意相同。

闪展轻灵言明"剑莫轻动"之意,即剑器的直行直用,就近用势,是靠身法闪展轻灵、不断变化而施展出的。故真传的手战之道与俗学有本质差别。

变化莫测,随其枢机

阐释

变化而使对手莫能测度,关键在于随其枢机,即以静制动地顺其势、借其力,让力头、打力尾,与对手无争为之争,运持无为法式,则对手不能知我,而我独能知彼,胜败之机势,自然能分明!此乃攻防时施招用手、施手用招之诀窍。

看其形色,式来当审

阐释

双方交手较技,必先看其形色,以知其勇怯,审察来势,以知其短长,如此才能扬己之长,避己之短。古人"能屈能伸,能柔能刚,能进能退,能弱能强""不动如山岳,难知如阴阳,无穷如天地,充实如太仓,浩渺如四海,炫耀如三光""察来势之机会,揣敌人之短长""静以待动有上法,动中处静有借法"等论述,将"看其形色,式来当审"的审机度势、审敌料势的用法,表达得淋漓尽致。"看其形色,式来当审"的具体用法内容,可不必细论,能前知者易胜。

预知敌意

阐释

预知敌意上承"看其形色，式来当审"，意在顺势借力，但又不独此一意。意在人先者，更强调能预知敌人的意图，即是说要具备意在人先的能力。意在人先，自能顺势借力，同时更是不快自快的胜人之境。意在人先，有所准备，故动而直截了当。能预知敌意，意在人先，是手战之道修炼到一定艺境的体现。不经此法修炼体认，所谓"顺势借力"，皆空谈也。

后手莫离怀

阐释

拳法后手具有保护前手，弥补前手所顾不及的妙用。后手离怀，则门自开，敌可乘虚而入。剑法亦如拳法，后手离怀，则亦门开敌入，又可以其器械伤我后手。不利之处，随处可见。故曰：后手莫离怀。

拳法有"前手去，后手跟"之说，剑法有后手捋夺敌之器械之用。故"后手莫离怀"有攻守两方面的妙处。且后手不离怀，便于束身而进退等种种变化。前人论手战之道精矣，细矣！

看地势险夷宽窄

阐释

双方较技所处之地，有险峻、平坦之分，有宽敞、狭窄之别。故争战之法，亦视地势而论。地势险恶而冒进，必有失败之险。地势平坦，亦可步步为营而迫之，使对手处于劣势，伺机出奇而胜。能战则战，不能战则走。自己绝不处险地、死地，此不能不知。

四宜

存心当忠孝，立品当义勇，内功当勿间，外功当践实。

存心当忠孝

阐释

忠则为国为民；孝则奉亲至孝，事师至孝。忠孝之人，无己之私，无己之欲。故"克以剑术成道，以达神化之功"！此为修炼传统手战之道的基本道德标准。具此道德者，方适宜修炼传统手战之道，因其必有济世之心。功成之后，亦是宅心仁厚的仁人义士。

立品当义勇

阐释

见义勇为也是修炼传统手战之道的品德。否则艺只能小成，就算成，也是不能见义勇为的懦夫或欺师叛道的小人。

内功当勿间

阐释

间，即间断，内功心法的修炼，不能间断。俗云：不怕慢，就怕站，功夫不练当天回。尤其是内功的修炼，无有千日的修炼，内气不能独立存于体内。内功修炼频繁间断，等于没有修炼，故有此论。

外功当践实

阐释

外形的柔若无骨及攻防技法的操练，当以实践运用能力为考核标准。只有实战应用，才能不断地改进，最终达到神化的功夫艺境。

四忌

忌厌故喜新，忌功力杂集，忌有名无实，忌气暴好较。

忌厌故喜新

阐释

修炼手战之道，门派、拳种甚繁。入门从学，重在确立基础，渐修顿悟，方可渐得精髓真谛。最忌讳见有新说、新潮，不论青红皂白，就厌旧习。盲目追求，见异思迁者，终不能成事也。

忌功力杂集

阐释

习拳练艺，由始至终，皆崇尚"纯自然力"功夫。最忌讳横力、蛮力、浊力、拙力混于其中。功力杂集，是学而不求甚解之故。传统手战之道，皆是"以柔用刚"之技术方法。具体的说法是：修炼内功法，以成内劲健运不息之功。修炼外功法，以成外形柔若无骨之功。再则内气、外形匹配如一，又内劲、外形阴阳逆从，劲形反蓄，再到身心空灵而手脚灵妙的粘走相生、化打合一，最终意敛内劲入骨，全体透空，再去掉透空之外形，则成无形无象虚灵妙境之无极功夫。至此境，乃神化之功，寂感遂通的道境成矣！此即"纯自然力"功夫的修炼过程，各门派皆应遵此而修之。知此可避"功力杂集"之病。

忌有名无实

阐释

言拳论技，讲求"名实相符"。有其名，必有其实为基础。传统手战之道，亦有指鹿为马、鱼目混珠的现象。故"忌名实不符"或"忌有名无实"，是对传统手战之道种种不良现象的批判。前贤戒条中对此多有阐释，寓意深刻。

《易筋经·贯气诀》中批判了那些不知内功修炼、不得内气为主者，称其学为"俗学"。那些惟务手舞足蹈者，"不入元窍"！

少林僧人批判那些"周旋左右，满片花草的走跳虚文"现象，称"此为花拳入门，错了一生矣"！

三皇炮捶传抄之老谱中说："那些花拳绣腿，不知身法，不明劲道，不晓规矩，还说能以手脚胜人，岂不让天下人笑之。"

少林拳谱中，将"大都皆筋努骨突，任气用力"之人，称为"猥知鲁莽"之人。

太极拳论中批解得更为明白。其论："斯技旁门甚多，虽势有区别，概不外壮欺弱，慢让快耳。有力打无力，手慢让手快，是皆先天自然之能，非关学力而有为也。"此段论述着重批判了崇尚外形有为之力者，具有重要意义。

在"剑经结文"中，亦有"自传道者以盲印盲，而习者亦以误传误，甚至真诀日晦，尽是皮毛之学。是以仙俗日相殊阔，言语难通。欲习者无处寻真师益友，欲传者无处择忠孝之完才，两相间隔，咫尺天涯"之说，真确论也！

忌气暴好较

阐释

性情暴烈，常逞能于人前而好动武，说明其对传统手战之道知之甚浅，没有"自知之明、知人之聪"。"四忌"本是一理贯串的，戾气冲天、横气填膺，正是上述厌故喜新、功力杂集、有名无实诸病的必然产物。

四勿

勿传匪人，勿传骄狠，勿得贤不宣，勿稍密诀窍。

勿传匪人

阐释

"匪人"指行为不端正者或盗寇。传统手战之道，当为国为民而用。贤人得之利国利民，恶人得之害国害民。故古传手战之道的各门各派，皆有此一条。

勿传骄狠

阐释

拳师的职责是传道、授业、解惑，然亦有种种不可教之人，骄者狠者，就是其中的两种。骄者，性情狂傲，目空一切，言过其实，盛气凌人。此种人得传，实为日后招灾惹祸之根苗也。对此种人，使其不知乃是对其之爱护，故不传也。狠者，指心性狠毒之人。此种人多惟利是图，属心性根底不佳，如其稍获攻防艺，最终心性不改，易危害他人、危害社会，故明师皆不传此种人真功技艺。

上述两种人如有师传艺，是其师"传不得人而丢艺"，必损阴德。故明师者，皆不传此两种人真功夫，只传套路皮毛以候其自知。如确能改之，则亦可授。

勿得贤不宣

阐释

历代传统手战之道的大家多选贤良之辈传授，故传统手战之道流传至今而不衰。何谓贤者，即存心忠孝，立品义勇，勿骄勿狠，通情达理，心气平和，乐善好施，心专不二，尊师敬友，视传统手战之道为珍宝者。然有绝学在身的行家里手，亦多有无传人而仙逝者。古人云："当传之人不传，则失人矣。"为师者，亦是不忠不孝之人，即不忠于传统手战之道，不孝敬师、祖，成为无承传之断代绝艺者。故见之贤者必传。

投明师、选贤徒，是每一个传统手战修炼者都会遇到的难题，也是最难做得周全的事情。"勿得贤不宣"，话虽简略，而实际含义至深。

勿稍密诀窍

阐释

此乃教学之良法，有两说：一是师之授徒过程中，常常略微保密而不点透，容弟子在练用中激发探索追求的兴趣，自己体悟到则终生不会忘记；二是当弟子体认、领悟达到通解所传之时，理要论透、法要点明，此时"勿稍密其诀窍"，要全盘揭密而示之，使其对全部诀窍都通解悟透，体认明白。手战之道修炼的各个环节，一理贯串，本无秘密诀窍可言，所谓秘密诀窍，是对不知者而言。适时点透论明，是帮助弟子升华的手段。古人云"理明法密艺自高"，就是"勿稍密诀窍"的本意。"明师出高徒"，也是为师者"勿稍密诀窍"的结果。

四权

题解

权者，衡量、考虑，权衡估量利弊轻沉。故古有二权之说，即知权和事权。知权者，发挥审敌料事的听探之良知，意在人先，人不知我，我独知人；事权者，自身周身内外如一，听探、顺化相互为用，故能前后进退合机，左右逢源得势。两者相互为用，顺势利导、随势变势、因势所发。

要择心性相投，为喂手之助。要彼此盘较，必以真心，不可偶倦。要规过劝善，各勿嫌忌。要常演习，更不许依强凌弱。偶或较力，凡无可奈何时，与外门较，当谦卑自处，不许以艺凌人。心虚神完，慎中再慎，庶免致害。如其得已，还是勿较为是，己躬自厚之学也。

要择心性相投，为喂手之助

阐释

此乃"四权"中的第一个权，是讲继内功修炼及知己功夫有成之后，为实战而进行的喂手训练。喂手，有喂招、喂劲、招劲齐喂等数项内容，学者可从中体认各种具体攻防招法实战运用的含义、精髓及其相互转化的机制、要领。故喂手可由慢到快，由简入繁，最后达到快慢相间，繁简皆能应变自如的程度。这是想得到实战攻防技艺必须经历的过程。喂手是按法而修，循序渐进的细磨过程，能给自己"喂手"的人，必是心性相投者，选择这样的人喂手，可使攻防功夫扎实而事半功倍。故能给自己喂手的人，要由自己来选择。

选好给自己喂手之人，是非常重要的。前人只讲一个"要择心性相投"，是极为精辟的。

要彼此盘较，必以真心，不可偶倦

阐释

此乃"四权"中的第二个权。喂手修炼的目的达到后，要进行"盘较"的修炼。所谓盘较，就是"盘拳过手，盘手过招"，近似于全方位随机应变的实战。此种修炼方法也是由慢到快，由简到繁，最后得到攻防实战的能力。"盘较"也要有助手，此时的助手，一般是由师父、师兄等功夫艺境高于自己的人来担任，故在盘较过程中才能实践各种攻防招法，达到真盘实较且不伤人的预期效果。

盘较，必投以真心，不能因产生厌倦情绪而中断。厌倦情绪是修炼过程中的必然现象，多生于自身"功进邪退"的更新变化时期。故此时的修炼者，要平心静气地继续坚持修炼，数日后，便有功夫升华之觉知，此即"小明不灭，大明不明"。真心乃妙明清静之道心；厌倦、烦恼乃昏昧愚拙之假心、俗心、凡心。此假、俗、凡心不退，则真心不明。邪不自退，必炼之使退，则正阳自立。正阳立，则阴邪不生矣！

盘较的过程，又是一个修炼者自己掌握与选择的过程，故又是"权"的一种体现。

要规过劝善，各勿嫌忌

阐释

此乃"四权"中的第三个权，说明在喂手、盘较的修炼过程中，双方要按规矩检查彼此的不足之处。要用善心和善言，方可使对方不生猜疑之心。有此良师益友为武伴，乃习武练艺者一大幸事。

要常演习，更不许依强凌弱

阐释

此乃"四权"中的第四个权，是说有了好的武伴，要按时按法经常操练各种攻防招法以提高自己的实战应变能力。熟能生巧，巧能生妙，于精妙之中渐而通神。此处特别提出依强凌弱，并非仅是传统意义上的"恃强凌弱"，而是说要实现攻防实战艺境的不断升华。不是靠实手用招的依强凌弱，而是靠顺势借力听探顺化的良知良能。不依强凌弱，那就必然选择惟道是从的无为法，即以听探顺化为基本法则的攻防技术方法。在传统手战之道的攻防实战中用什么心态、什么方法、什么准则去争胜负，是正确与错误的分水岭。如用无为的"无争之争"去争，就是传统手战之道所系统修炼的内容。如用尚气任力的"有争之争"去争，必然为"依强凌弱"。此为传统手战之道所不取。一个修炼传统手战之道的人，充分发挥自己选择无为法的"权"的作用，就算是踏上了修炼的平坦大道。

偶或较力，凡无可奈何时，与外门较，当谦卑自处，不许以艺凌人。心虚神完，慎中再慎，庶免致害。如其得已，还是勿较为是，已躬自厚之学也

阐释

此段为以上诸"权"的总结语。修炼传统手战之道，与人切磋较技，当是在所难免，亦是无可奈何。不管是与门内之人，还是与外门之人相较，当"以谦卑自处"，态度不能傲慢，更不许恃艺凌人。此时尤要做到"心虚神完"（心虚，即谓内心空明而无成见或谦虚而不自满；神完，即精神饱满），慎中再慎。一莫伤害对手的身体；二莫伤害对手的自尊心。如此或可免去许多不必要的是非。总之，功至此时，如能得已，还是勿较为是。得已，即出于自己的意愿了结之意。"躬自厚之学"，语出《论语·卫灵公》。子曰："躬自厚而薄责于人，则远怨矣。"意为要严格地要求自己，对人则采取宽容的态度，在责备和批评别人的时候应该尽量做到和缓宽厚，这样就自然不会招致怨恨了。

总歌诀

题解

此歌诀原谱无名，现名是笔者所加。此歌诀阐发了"戒律二十条、四宜、四忌、四勿、四权"的实用目的。

数条节律记分明，御敌心和气贵平，若不如斯当致败，随机伸曲莫狂轻。

数条节律记分明

阐释

《浑元剑经》所论，乃实战的学问，故在戒律条目中，实战体用的论述，几乎成为全部内容。而人品道德修养方面的内容，并不多见。这样的习武戒律条目内容，在众家拳谱之中也是少见的，其明确地提出了以实战应用为核心的修炼原则。寥寥数言，可见传统手战之道的修炼、建体、至用及攻防功夫内容之浩渺无垠！

御敌心和气贵平

阐释

御者，顺其性而用其势，借其力而为我所用。此顺势借力而制胜的无为法式，必然要心平气和。心和则静，气平则虚，静则无不应，虚则无不灵。静则听探之良知无误，虚则顺化之良能必灵。神化之功的虚灵妙境，得之于心平气和。故拳诀有"和颜悦色真刚毅"者。

若不如斯当致败

阐释

不能心和气平，则听探之良知不能知全，顺化之良能不能化周，必出断隔之病，反被对手击败。此乃必然之理。拳诀言："拳有寸隔，见肉锋伤；腰无少主，终归狈狼。"此之谓也。

随机伸曲莫狂轻

阐释

手战较技争斗，小则关乎胜负，大则关乎性命，全凭听探之良知，顺化之良能来决定。这两点都不是狂傲轻慢和依强凌弱所能取得的。只有心平气和，顺其势、借其力，随其屈伸往来进退，才能游刃有余战胜对手，绝对不可狂轻。此句一揭传统手战之道修炼、建体、至用之精髓。

浑元剑经内外篇原序

题解

此序文作者玄真玉妙真人的情况，同前《仙脉阐宗》一文撰者通玄真人一样，皆不详待考。如此看来，本经只有序文之后的内外篇是毕坤先生的原作。然此"序文"所述，亦深得《浑元剑经》修真之精义，故亦当作为武学修真之经典阐释。由此联想："玄真玉妙真人"是否是毕坤（云龙）先生的法号呢？

之所以有此联想，是因为此序文的标题是"浑元剑经内外篇原序"，而非按常规写作"浑元剑经序"。多出的这个"原"字，当是事先有文在前，后由转抄者或出版者在原文原题上所加。若这个联想成立，那么此序文就有可能是毕坤本人所撰写。这样，可以认为《浑元剑经》由"戒律、序文、内篇、外篇和剑经结文"五项内容组成。由此我们大胆推测：毕坤，乃修真一脉之传人，精通剑道、易学，其法号即"玄真玉妙真人"。

有此认识，可知《浑元剑经》为何在明、清两代没有流传，盖因道家修真一脉皆自修而不入世。

鉴于上述原因，我将此序文亦作为毕坤先生原作予以阐释。

緊乎浑合之极，元始为尊。浑合之旨，为内为静，为体为中；元始之玄，为外为动，为用为首。惟其必反乎内，故取象于离。而离之中虚，坤体之至静者也。惟能效坤之至静，故遁幽杳之中，可潜修而无闷。亦惟其必著于外，故取象于坎。而坎之中实，乾用之至动者也。尤须则乾之至动，乃极于九天之上，可首出而无虞。

故必于微积之悠也久也，其涵蓄游跃之力始纯。亦必泉以达扩，使变也化也，其阴阳互蒂之神始著。纯则不杂，合万变而寓用无形；著由于几，化三千而充体于无外。

夫放弥六合，浑之体为展布也；退藏于密，元之用为包容也。浑者合也，元者一也。窃思：天之所以清，得此一也；地之所以宁，得此一也；人之所以灵，亦莫不在此一也。三而一之浑合，以坚其体；一而三之元玄，以昭其用。

试由天而地，以近索乎人。人为万物之灵，其即仰观天以执行，俯察地以建极，居覆载之中，首出庶物者也。仰人何谓乎先？涵养之以静以蕴其继，灵妙之以动以畅其用。体非无以立其大本，用非无以彻其元功。离之中坤其静基也，《易》之卑法地者此也。然静则功力绵绵不息，其体至柔至刚。非柔则原委难于无间；非柔中刚，未免有作辍之时。柔者静之体，刚者则又柔之体也。坎之中乾其动机也，《易》之崇效天者此也。非无则空灵犹恐障蔽；非无中生有，奚以见变应之奇。

浑则静，以逸待劳；玄则元，驭静以动，动中亦静，则正奇进退之机，迟速幻转之妙，悉出于无心，系自然之运用，因时致变，因力制人。至于方圆立体发用之妙，件件原委之于自然之神。统蓄以先天寸绵之力，为无为无不为也。以动静互为其根，阴阳迭神其用。非浑于始，奚得其元之玄；非元之大，无以显其浑之德。是浑元者，其即无生妙有也。

元之为字，初画奇也，合第二画则偶也。其第三之儿字，奇偶、阴阳、乾坤，相构而生者人也。是元者，三才总会之地。元即太极，即太和之气，即先天也。故必浑涵以先天太和之气，合三才于一致，以内外交修，直养时习，练至体用浑化，寂感而通，始足以称之元浑。而能浑者，近虚能舍正，谓后人以发也；元者，象圆能粹正，谓先人以至也。浑则涵神，至于无幽杳之内，秘密而人莫窥其机，发则必中，元之玄机也。

凡外病于形者，皆失之心有定规。若目几静悦者，心必隐灵鉴也。彼目昏滞者，其内无实学，外饰以色庄者也。若此者，其必助资于敌，又安见玄元浑化无方乎？

噫！大矣哉！浑之为体也，纯而笃静；其为用也，动而多玄。即曰纯静，以其本乎天之一，养气于至清；则乎地之一，融精于至宁；此于艮之一，涵神于至灵。又浑化清、宁而一之，更至于空灵。是统三才于一致，内而精气神无少缺欠，外筋骨皮一息坚融，至是则内空灵，而外灵便。此浑元功验之所以然也。

极之则光闪耀而人影无踪，身飞腾而剑芒倏忽。或一跃千里之遥，纵横随其意向；或静息方寸之内，神威感于至诚。至于形剑之名，后天之功，果能以先天之神为体用，亦足以向机御变，因变致神。是形剑又顾名思义者也。

剑者，决也，断也。必内而决七情，断凡息，内三宝得以浑化而至于纯阳，此内而剑学之筑基，内壳通而坚实也。尤当外而决灰心，断声迹，加之以招式变化之奇，以夕朝时习，外三宝得以浑成，而至于柔刚，此外而剑法之暗练，外壳注而灵稳也。至如近世所学之剑，以舞之者，类皆皮毛中皮毛，浮之至浅而至鄙者也。昔伏牛氏祖云：果尔志向上，当先静以筑其基，存之深养之熟，内外三宝合一，浑化归一。正所谓：

内外全无渣滓质，养成一片紫金霜。

阴阳造化都归我，变动飞潜各有常。

推其有内工外工，内验外验之别，故统以内外篇名其经。究其所以内功外形得内外验者，又其谁乎？则人之灵神耳。

然三才之奥旨，犹不止此。有积气为剑者，名气剑，即剑使也。用之为剑，约之于内仍气也。有积神为剑者，名神剑，即剑仙也。用之为剑，虚而还之仍神也。此二者即地仙、天仙之分也。至于人之习能百战无敌者，亦足以称之为人仙矣。

遂乎其艺，幽乎其气，柔乎其质，刚乎其神，悠久也其功，变化也其验。故形而上者谓之道，形而下者谓之器。道者器之体，器者道之用。是因形练形，极至道成者。其妙存乎虚灵之人，其几速于影响。此剑也，实亦入道之基。小可神变超尘，大则可以气夺尸解。极则胎脱神结，面朝上帝，而拔升矣，是知一阴阳之道，其至矣广矣，岂独长一艺之妙，而可限其神妙，足尽其浩渺之藏乎？愿学者矢志眈诚，为大有为之君子。括而要之，以造于神武不杀之时，当能赞参天地；立于其间，必足以止戈于亿万代之后。

故曰：大仁不仁，大勇不勇。噫！于剑学之中，克取法乎上，盖已解矣，而况于道乎！其奥更深。其能庸行造极者，则将几绝矣哉！

玄真玉妙真人心坛　撰序

光绪二十二年丙申九月戊戌朔日许国本　敬书

緊乎浑合之极，元始为尊。浑合之旨，为内为静，为体为中；元始之玄，为外为动，为用为首。惟其必反乎内，故取象于离。而离之中虚，坤体之至静者也。惟能效坤之至静，故遁幽杳之中，可潜修而无闷。亦惟其必著于外，故取象于坎。而坎之中实，乾用之至动者也。尤须则乾之至动，乃极于九天之上，可首出而无虞

阐释

神、气、形三者浑合如一这个最初的状态，是修炼传统手战之道最尊崇的境界。这个"浑合""元始"的旨义和玄妙是什么呢？"浑合"的旨义是"为内为静，为体为中"，即浑合为自己法身道体的统一。这个法身道体的统一，是用内气、外形中和的方法达到的。而这个法身道体的本性却是"虚静"的。"元始"之

玄妙是"为外为动，为用为首"，即那个法身道体呈现为"元始"的道的状态时，"元始"在攻防中的主导作用是为外、为动、为用、为首。这就是传统手战之道"静为本体，动为作用"的"体静用动说"的出处。

在"浑合之旨"和"元始之玄"的论述中，还有一条内外静动的基本界定法则不能不知，即由"根生为动，归根曰静"来界定自身内外静动。良知的听探过程，是由外向内的信息传递，是为"静"；良能的顺化过程，是由内向外的信息传递，是为"动"。而信息发而未发之时，是名"动静"。知此，就能通解"知静之为静，动亦静也；知动之为动，静亦动也"这条拳诀所讲为何了。而了解了这一点，对理解、应用传统手战之道中的一切"动静"说，自然就不会失误了。此乃探本穷源之法，即元之玄也。

下面，经文又根据《易》理详细地阐述了"动静"的基本道理，惟外形必反乎内，故取象于离卦。而离卦外阳而中阴，谓之"离中虚"，外形就应是"离中虚"的卦象。此乃外形象坤体的虚空之静。外形惟能象坤体的虚空之至静，才能隐藏内气于幽杳之中，才能于修炼内功时吸提呼放而无憋闷现象发生。而内气必显于外，故取象于坎卦。而坎卦外阴而中阳，谓之"坎中满"，内气就应是"坎中满"的卦象之存在。此乃内气象乾体的实中之动。内气惟有效法乾天的至动，才能有至刚健而动变不拘的功能。内气在体内健运不息，可上至百会，下至涌泉，外至皮毛，内至无间幽杳之地。不单如此，内气还可外放，能极于九天之远，故内气可为自身手战的君主统帅，而不会出现差错。"筋骨空灵意，精神要切实"正是此之解说。

此段以离、坎二卦的卦象，来论证自身的外形、内气所应具备的功能，即传统手战之道的"一阴一阳是为拳，一静一动是为拳，一虚一实是为拳"。

故必于微积之悠也久也，其涵蓄游跃之力始纯。亦必泉以达扩，使变也化也，其阴阳互蒂之神始著。纯则不杂，合万变而寓用无形；著由于几，化三千而充体于无外

阐释

上段所述"内气象乾，外形象坤，内功修炼内三宝，精气神合一，外功修炼外三宝，筋骨皮合一"的系列方法，使内气、外形柔外刚中匹配如一。这段修炼过程，正是"故必于微积之悠也久也，其涵蓄游跃之力始纯"所要表达的修炼之实质，即"意气君来骨肉臣"的君臣主从匹配法则。这使自身生命力像喷泉一样扩布开来，变也化也；使内气、外形相互为用，阴阳互蒂之神方始显著，最后方能运用于实战而获胜。

"其阴阳互蒂之神始著"一句，将《浑元剑经》的浑合之体、元玄之用的神、气、形三者和盘托出了。而"纯而不杂，合万变而寓用无形"一句，将传统手战之道的体用批解得详细而又清明。法身道体之用，本就"无形无象"。此论紧扣"浑合之旨，为内为静，为体为中"之论述。"著由于几，化三千而充体于无外"，即为数不多的几式组合，却有变化三千之势，可有其大无外之境域。此论紧扣"元始之玄，为外为动，为用为首"之论述。

夫放弥六合，浑之体为展布也；退藏于密，元之用为包容也。浑者合也，元者一也。窃思：天之所以清，得此一也；地之所以宁，得此一也；人之所以灵，亦莫不在此一也。三而一之浑合，以坚其体；一而三之元玄，以昭其用

阐释

手战之道的攻防之势，不外攻击时的展放，防守时的卷蓄。

33

然放则弥六合，其大无外，我正则彼必跌出，乃浑合之道体的展开布设之妙也；退守防护藏于缜密，其小无内，致彼无隙可乘，无间可入，乃元之用的包容之巧也。浑者，言说的是神、气、形三者的合一之体也；元者，论说的是神、气、形三者合一之体的至用。由此自见体用分明，手战之道自来就是练用有别和体用有别。

老子曾说："天得一以清；地得一以宁；侯王得一以为天下正。"而拳家亦说："得此一也，人之所以灵。"此"一"，即"元者之一"。神、气、形三而一之浑合，内外上下一而贯之，相联而为一贯者，破之而不开，撞之而不散，可谓之坚矣！一而三之元玄，以昭其用，则有用形、用气、用神之分别和"静，动静，动"的三个周而复始环节为用！

试由天而地，以近索乎人。人为万物之灵，其即仰观天以执行，俯察地以建极，居覆载之中，首出庶物者也。仰人何谓乎先？涵养之以静以蕴其继，灵妙之以动以畅其用。体非无以立其大本，用非无以彻其元功。离之中坤其静基也，《易》之卑法地者此也。然静则功力绵绵不息，其体至柔至刚。非柔则原委难于无间；非柔中刚，未免有作辍之时。柔者静之体，刚者则又柔之体也。坎之中乾其动机也，《易》之崇效天者此也。非无则空灵犹恐障蔽；非无中生有，奚以见变应之奇

阐释

此段论人之所以为天地间万物之灵，有"首出庶物"之能，是因其通过仰天俯地，观察万物，掌握了涵养静练之内功法，使自身的神、气、形三合如一，达到神、意、气、劲、形、中六合一统，继而具有了动变接续不断之能力。

传统手战之道讲究建体至用。"建体"多以静练法修之;"至用"多以动练法修之。此体是"以神为主,以气为充,形从而利"建立起的攻防之道体,若此体不立,则无以确立自身攻防之机体这个"大本"。同时,如果不以"不撄人之力""顺其势、借其力;让力头,打力尾"的无为法用之,而是以尚气任力、恃强凌弱、丢扁顶抗的蛮横之法用之,那么也难使那个道体彻底地发挥其应有的功能。

下面再讲如何据《易》理正确地修炼。离之中爻,乃坤爻。坤爻主静,"《易》之卑法地者此也",即内功修炼乃取坤静为法。只有静练,即体静气动,才可得到纯正的内气,使内气绵绵不息地运行,身体达到至刚至柔的境界。此体至刚至柔,达"无间"之妙境,可免攻防动变中出现中止断隔而不能续接的现象。

坎之中爻,乾爻也,乾爻主动。《易》之崇效天者此也,即外功修炼以动练为主,才能得到元玄妙用之机。内气的修炼,乃崇效天的健运不息,故外形虚空,才能有内气之至用。如不到外形虚空至无的境界,空灵中犹恐有各种阻隔障蔽之病存焉。故拳论中有"全体透空"的虚灵妙境和"无形无象"的无极艺境。内气,乃虚无中所生之妙有也。诀云"道本虚无生一气",即言内气乃无中生有之"有"。外形虚空或无,内气切实妙有。各种攻防之势,皆由此"无、有"相互错综变化而生。

此段主要论述了外形从坤,内气从乾及内外合一匹配的功效。而静动练法的不同作用,使此段成为从《易》而论修炼的典范。

浑则静,以逸待劳;玄则元,驭静以动,动中亦静,则正奇进退之机,迟速幻转之妙,悉出于无心,系自然之运用,因时致变,因力制人。至于方圆立体发用之妙,件件原委之于自然之神。统蓄以先天寸绵之力，为无为无不为也。以动静互为其根，阴阳迭神其用。非浑于始，奚得其元之玄；非元之大，无以显其浑之德。是浑元者，其即无生妙有也

阐释

三才浑元合一之法身，是通过"静练法""以逸待劳"而修得。"浑之体"以静为用，故曰"以逸待劳"。元之玄机，驭静以动，动中亦静，即以听探之良知，驾驭顺化之良能，随时听探对方的变化，把握正奇进退、迟速幻转。且这种把握，全出于无心的自然运用，有感而应，因时致变，因力制人。这种整体（立体）发用之妙，皆来自自然之神。此"立体"，非形也，乃超出象外的"法身"之立体，是神、气、形三者浑合为一所成的道体。"立体发用之妙"，即此内气外形浑合道体的发用之妙。所谓"自然之神"，即此道体自身与生俱来的听探与顺化之良能。这种由自身最佳状态所统蓄的先天寸绵之力，无为无不为，动静互为其根，阴阳迭神其用。没有浑合如一的初始之修，如何能得元玄之妙用？没有无所不包的"元之大"，如何能显浑合如一之道体之德？万物初始之浑元道体本无，只有从此无中，才能生出"元"之玄机妙用来。此正是"无生妙有"之精义，有无相生之至用。

此段讲述了修炼传统手战之道是无中生有的造化过程。有到极限，又由有化无，是以有入无的神化过程。能修炼到以有入无的境界，便是"无为无不为"的无上道境了。

元之为字，初画奇也，合第二画则偶也。其第三之儿字，奇偶、阴阳、乾坤，相构而生者人也。是元者，三才总会之地。元即太极，即太和之气，即先天也。故必浑涵以先天太和之气，合三才于一致，以内外交修，直养时习，练至体用浑

化，寂感而通，始足以称之元浑。而能浑者，近虚能舍正，谓后人以发也；元者，象圆能粹正，谓先人以至也。浑则涵神，至于无幽杳之内，秘密而人莫窥其机，发则必中，元之玄机也

阐释

"元"这个有初始之意的字，如以卦之爻象言之，其笔画构成有深意。初画"一"，奇也，合二爻之画"二"，则为偶也，再合第三之"儿"字，合观是一"元"字。此"儿"字从奇偶、阴阳、乾坤相构言之，为"人"字，是以天一、地二，天地交合而生人也。故人乃三也。人和天地并立，是"元"为天地人三才的总会之地。元即太极，即先天太和之气。故必浑涵蕴化神、气、形三者，使浑合如一，即浑元如一，"内外交修，直养时习"，方可成功。

内外交互修炼，练至体浑化如一，用则寂感而通，功臻寂感而通之体用，始足以称之为元浑或浑元。而能浑者，则近虚能舍正，后人以发，先人以至。浑合则涵神于渺无幽杳之内，秘密令人莫能窥其机，可内动不令人知，故发则必中，此即无生妙有的元之玄机。元之玄机，乃人身故有的良知良能相互为用的"攻防机制"。

凡外病于形者，皆失之心有定规。若目儿静悦者，心必隐灵鉴也。彼目昏滞者，其内无实学，外饰以色庄者也。若此者，其必助资于敌，又安见玄元浑化无方乎

阐释

管子曰："形不正者，德不来；中不精者，心不治。正形饰德，万物毕得。""心生规，意生矩"，凡修炼手战之道外病于形

者，非外形官骸之过，皆心之过也。失之心有定规，即心中无规矩，外病之根本在内。知此，则知内修根本的重要性。

若目几静悦者，心必隐灵鉴也。灵鉴，明镜，此处即心灵的鉴别能力，亦即明心见性之功。手战之道修炼灵敏神通的鉴别能力，讲求眼之见性，耳之闻听，鼻之嗅觉，体之触觉，心之灵性，总称为"灵鉴"。此处仅以"目"言，非只言目也，是谓内在功夫切实的体现。"灵鉴"即神明，是听探的良知功夫。如果一个修炼者目不明，耳不聪，触觉不敏，心性不灵，不具备"灵鉴"之功，那么在内其实并无功夫，只不过外表像个练家子。若此种人与他人较技，必是资助对手打败自己。这样的习武者，又安能见到玄元浑化无方之妙境呢？此处之无方，是言其体无方，即无圭角，乃从圆善变灵动也。

嘻！大矣哉！浑之为体也，纯而笃静；其为用也，动而多玄。即曰纯静，以其本乎天之一，养气于至清；则乎地之一，融精于至宁；此于艮之一，涵神于至灵。又浑化清、宁而一之，更至于空灵。是统三才于一致，内而精气神无少缺欠，外筋骨皮一息坚融，至是则内空灵，而外灵便。此浑元功验之所以然也

阐释

以上之论太重要了！神、气、形三者合一的"浑之为体"纯而笃静，其用动而多玄。而这个"浑之体"称"纯静"，是因其体现了"天得一以清"。故修炼传统拳术攻防之道的第一件事，就是本着天道的法则，养至清的真元之气，即内功法的炼精化气，炼气生神，炼神还虚。至炼神还虚之境时，就是养真元之气于至清之境了。此乃从天道之法而修得。

再者，其体现了"地得一以宁"，即按照地道的法则，修炼至宁的外形筋骨皮，即外功的抻筋拔骨，展筋伸骨，柔若无骨。至柔若无骨时，就是融精于至宁之境了。此时外形自不妄动，惟顺从内劲以动，故曰"至宁"。此即顺之体，乃从地德之法而修出。

最后，其体现了"人得一以正"，就是按"诚之者"的人道法则，"此于艮之一，涵神于至灵"。何谓"此于艮之一"？艮者，艮卦也。《序卦传》说："物不可以终动，止之，故受之以艮，艮者止也。""涵神于至灵"是指将神止于至灵之处。此处至灵指人的背部，有艮卦的卦辞为证："艮其背，不获其身，行其庭，不见其人，无咎。"

背部静止，身体就是想动，也不能动。背与胸对，故用此来比喻内心宁静，不为外物所动。当达到这一境界时，物我两忘，内心保持安和宁静，必然清醒冷静，能够适可而止，故不会有灾难。这是卦理爻辞的说法。

上面三件事做到了，还要以"灵神"再浑化清、宁而达到浑化合一之境。至于空灵，历代拳术大家多有所论，如"有形如流水，无形如大气""筋骨空灵意，精神要切实""全体透空，无形无象"等。然最精彩者，乃孙禄堂先生的两段论述，前段见《八卦拳学》，后段见《拳意述真》，录之如下。

惟身体如同九重天，内外如一，玲珑剔透，无有杂气掺入其中，心一思念，纯是天理，身一动作，皆是天道。故能不勉而中，不思而得，从容中道。此圣人所以与太虚同体，与天地并立也。拳术之理，亦所以与圣道合而为一者也。

拳术至练虚合道，是将真意化到至虚至无之境。不动之时，内中寂然，空虚无一动其心，至于忽然有不测之事，虽不见不闻，而能觉而避之。《中庸》云："至诚之道，可以前知。"是此意也。

由此可见，古今武学修炼家的认识是有一贯性的，这在《浑元剑经》的许多论述中都可以体现。

"统三才于一致"，由谁统？当然首先是由"道"统，即以天道统三才归于一。然拳术攻防之道是人修炼之事，所以还要"以神为主，以气为充，形从而利"，统三才于一致。此乃以神统之，即"诚之者，人道也"。此乃知"道"统以后而"体道"的过程。

"诚之者"的人道之修，使自身"精足、气充、神全，而无少缺欠"，则一气贯串刚坚，外筋骨皮一息坚融。

上述乃"浑元"之功，验证之所以如此，皆惟道是从所致。道法自然而成之。序文从开篇至此段，皆谈论浑元功法道理等内容，揭示了手战之道的练、体、用之宗旨、精髓及其种种妙义，足证《浑元剑经》之价值！

而序文的下半部分，又将形剑、气剑、神剑之内容，分为地仙、人仙、天仙三个功夫修炼艺境，来论述"浑元"的具体内容。因此《浑元剑经》虽以剑论，然手战之道乃械术、拳术通论之名，故笔者借剑论拳，亦在情理之中，习拳者、习器械者皆可通解之。此乃两不相悖之论，一家无二言。

　　极之则光闪耀而人影无踪，身飞腾而剑芒倏忽。或一跃千里之遥，纵横随其意向；或静息方寸之内，神威感于至诚。至于形剑之名，后天之功，果能以先天之神为体用，亦足以向机御变，因变致神。是形剑又顾名思义者也

阐释

修炼"浑元"功夫到至极之境，则只见剑光闪耀而人影无踪，

身法展转飞腾，剑法锋芒倏忽，或一跃千里，或纵横随意，或内敛静息于方寸之内，或外放神威动人心魄，此数句极言浑元剑术之出神入化。

在"至于形剑之名"一句中，作者提出了"形剑"的概念。所谓"形剑"，乃后天所修之功夫，即用后天有形之筋骨肌肉之力的剑法。接着，作者又提出了"先天之神为体用"的概念，指出形剑若能升华至"先天之神为体用"，即"以神为主，以气为充，形从而利"的艺境，则"亦足以向机御变，因变致神"。

以后天之形为体用，是名"形剑"；以先天之神为体用，即名"神剑"；而以"先天真元之气以御外形为体用者"，是否可名"气剑"呢？一句"顾名思义"，启发了我们，也为后世习者提出了两个值得深入分析的问题。对此后将详论，此处不赘。

剑者，决也，断也。必内而决七情，断凡息，内三宝得以浑化而至于纯阳，此内而剑学之筑基，内壳通而坚实也。尤当外而决灰心，断声迹，加之以招式变化之奇，以夕朝时习，外三宝得以浑成，而至于柔刚，此外而剑法之暗练，外壳注而灵稳也。至如近世所学之剑，以舞之者，类皆皮毛中皮毛，浮之至浅而至鄙者也。昔伏牛氏祖云：果尔志向上，当先静以筑其基，存之深养之熟，内外三宝合一，浑化归一。正所谓：

内外全无渣滓质，养成一片紫金霜

阴阳造化都归我，变动飞潜各有常

阐释

剑者，决也，断也。这里所要"决断"的，正是修炼手战之道有所不为的内容。

其决说的是内而决七情。七情即喜、怒、悲、思、忧、恐、惊七种情绪。修炼手战之道，本克己之欲，惟道是从，必绝情断欲，方能成道而达神化之功，纵情任欲者何能为之？七情过之，其害大矣。过喜则伤心；过怒则伤肝；过悲则肺气下陷；过思则伤脾气结；过恐则伤肾；忧而不解则伤神；惊则伤胆，胆气散脱。七情过者，有此中一伤，皆伤根本，何能再谈修炼之事！故决此七情，乃修炼之前事，属于"练拳始练性"中"练性"之内容。

断凡息：所谓凡息者，指人后天口鼻之呼吸。断此凡息，非断凡念之义。故修炼者应将凡息、凡念分辨清楚。

凡息乃凡念中的一种。气入丹田谓之息，神伏丹田谓之闭。合而言之谓闭息，即伏气炼神之法。以此伏气炼神之法，继而炼精化气，积此真元之气，便是"内气"。此内气在丹田中的吸提呼放，即真气呼吸法，简名"真息"。此法别于一般人的凡息，即后天之口鼻呼吸法。凡息乃后天法，真息乃先天法。由此而分，可知修炼者是否为行家里手。不能决七情、断凡息者，不知"后天返先天"之精义，则必不得其门。

精、气、神内三宝得以浑化而至于纯阳，是在决七情、断凡息之后。其纯粹之精，阳刚之性，健运不息。此内修功法所得之阳物，乃剑学的筑基功夫，能使内壳通而坚实。外形功夫的修炼，尤重克制灰心，亦不可追求虚名，此即"决灰心""断声迹"之义。再加上攻防招式奇正变化的朝夕习练，筋骨皮外三宝自然得以浑化合一，而至柔化刚发之境。此乃手战之道外形功夫的"暗练"之法，明练外形，外形壳通，内气注于其中，内感通灵，则外形必"注而灵稳"。

随后作者对习练传统手战之道却"以舞之者"给予了严厉的批判，痛斥其为"类皆皮毛中皮毛，浮之至浅而至鄙者也"。

传统手战之道本具三性，即"调心修真养道性；调心修技养斗性；调心修杀养野性"，此三性调养法乃其本真之面目。拳术、械术种种旨在娱情怡性的表演，本无可非议，但断不可被当成是手战之道的主体内容和核心本质而大行其道。这种喧宾夺主的做法，会使手战之道的攻防实战功能、作用湮没不存。此种批判，时至今日，亦有现实意义！

为抵制上述"以舞之者"现象的泛滥，作者特别向真心向上的修炼者，申明了昔日伏牛氏的祖训，告诫即使修炼有成，"得神化之功者"，亦必"慎终如始"，重在"物有本末，事有始终，知所先后"。并重申了"静以筑基""深存养护""三宝合一""浑化归一"这连续四步的修炼程序，以四句诗文为修炼者描绘了功成之后的境界。

内外全无渣滓质：此即内外功法修炼"排却众阴邪，然后立正阳"之景象，故曰"纯"。此即前贤所喻"理经三昧方才亮，灵境一片是玻璃"之境，又是"一旦无障碍，恍然悟太空"之景象。

养成一片紫金霜：此又提升了一层境界，即金光普照的光明境。前一层的空无之境，而生今之妙有之景，即静宁光明之景象。

阴阳造化都归我：精者，阴也；神者，阳也。血者，阴也；气者，阳也。形者，阴精所成也；神者，阳气所化也。所谓炼精化气，炼气化神，炼神还虚等，一切造化生机所能成之，皆我外尊天道，内顺生机而修得之。诸般好处归于我，皆如是法，并无神秘之处。

变动飞潜各有常：修炼过程中的各种变化，各有一定常规。循序渐进，不可作辍，不可躐等，一而贯之，方可修成。差之毫厘，谬以千里，慎乎！慎乎！

43

推其有内工外工，内验外验之别，故统以内外篇名其经。

究其所以内功外形得内外验者，又其谁乎？则人之灵神耳

阐释

手战之道的修炼，有内工、外工和内验、外验的分别，所以本节经文以"内外篇"命名。内功外形得以内外验者，方见功夫艺境之真。

工者，乃修炼之意，功者，通过修炼所获得的能力。故知内工者，即内修炼；外工者，即外修炼。内修炼得内功，外修炼得外功。工与功这两个概念要分清，否则会给习拳者带来练用上的混乱，如常常以"工法"代替"功法"来说手战之道的攻防应用内容，或以"功法"代替"工法"来论手战之道的修炼内容，让人不知所云。此皆概念混乱所致。

究其所以内功、外形得内外验者，又其谁乎？人之灵神耳。此中所言"内功、外形"者何？内三宝精、气、神浑化合一，以成内劲，此以内劲为内功；外三宝筋、骨、皮浑化合一，称外形，而不称外功。此并非作者独出心裁。古有"练拳不练功，到老一场空""力不打术，术不打功"的谚语。依此而观之，功者，内功也，即内劲。故此文作者将内修的成果称为"内功"，而筋骨皮合一称"外形"。

所以内功外形浑化归一，得内外验者，又是什么主使的？乃人之灵神耳。此即"以先天之神为体用"一句之解说。所谓先天之神，即此处之"灵神"。此乃传统手战之道"以神为主，以气为充，形从而利"的具有普遍代表性的论断。传统手战之道的最高境界，即"神明艺境，神化之功"。故内外浑化归一的具体应验，在人之灵神，也就是顺理成章的了。

然三才之奥旨，犹不止此。有积气为剑者，名气剑，即剑使也。用之为剑，约之于内仍气也。有积神为剑者，名神剑，即剑仙也。用之为剑，虚而还之仍神也。此二者即地仙、天仙之分也。至于人之习能百战无敌者，亦足以称之为人仙矣

阐释

前论浑化内外三宝归一，得虚灵妙境，应验于人之灵神。然三才的奥旨，还不止此。尚有"气剑""神剑"之分，此即前文"是形剑又顾名思义者"一句的递进阐释。

气剑者，即积先天真元之气以御外形为体用者。其重在用意，意为神之使者，故又名剑使也。此乃解前文之"或一跃千里之遥，纵横随其意向"这句修炼内功驭气之法的。

神剑者，即积神为剑，能以先天之神为体用者，其重在用神。故名神剑，又名剑仙。此乃解前文"静息方寸之内，神威感于至诚"一句之精义。即我所解说：内功修炼已至光明境者，敛光明而静息泥丸宫中，乃名"寸光"的积神之法。故曰：用之为剑，虚而还之乃神也。

此又重申了《浑元剑经》中的练内气之法和练先天元神之法，而将浑元剑法的功夫艺境，分为上中下三个等级。形剑者必以先天之神为体用，至于人之习能百战无敌者，亦足以称之为人仙矣！气剑者称地仙，神剑者称天仙。因为作者是修真之人，故论剑术等级品位，也用"仙"字来分。此乃出于道家修真派。《钟吕传道集》中有论：修炼一事，法有三成，仙有五等。三成者：小成、中成、大成之不同。五等者：鬼仙、人仙、地仙、神仙、天仙之不等，皆是仙也。鬼仙不离于鬼，人仙不离于人，地仙不离于地，神仙不离于神，天仙不离于道。

《钟吕传道集》中对五仙的说词，均为修行内功之术语，非

俗人日常用语，并无迷信。传统手战修炼得大道者，即能"法分三修，成功至大成艺境"者，便是超凡入圣之境界。《浑元剑经》中的人仙、地仙、天仙，是按三才的形剑、气剑、神剑来分的。形剑者小成，气剑者中成，神剑者大成。如以形剑为明劲、气剑为暗劲、神剑为化劲，则剑道、拳道，又是一以贯之的。看来，"法分三修，功有三成，其实一也"乃手战之道修炼的基本规律。

> 遂乎其艺，幽乎其气，柔乎其质，刚乎其神，悠久也其功，变化也其验。故形而上者谓之道，形而下者谓之器。道者器之体，器者道之用。是因形练形，极至道成者。其妙存乎虚灵之人，其几速于影响。此剑也，实亦入道之基。小可神变超尘，大则可以气夺尸解。极则胎脱神结，面朝上帝，而拔升矣，是知一阴阳之道，其至矣广矣，岂独长一艺之妙，而可限其神妙，足尽其浩渺之藏乎？愿学者矢志盹诚，为大有为之君子。括而要之，以造于神武不杀之时，当能赞参天地；立于其间，必足以止戈于亿万代之后

阐释

"遂乎其艺"是说剑术技艺是随着一个人修炼进程的不同而变化的，且每一步的变化，都有相应内气、外形、灵神三者功能的具体表现来验证。

"幽乎其气"是说炼精化气，积气则成内气，内气以丹田为中心收放。收则聚于丹田，放则达于四肢梢部及体表。其隐于内而不显于外，故曰幽。

"柔乎其质"是说外形的柔若无骨之功夫。初修抻筋拔骨，再修展筋伸骨，再修柔若无骨。每一步修炼，皆有切实的内景、外形之验证。

"刚乎其神"是说内气积累的修炼。先修炼气化神，再修炼神还虚，此时外形全体透空，神还虚空之体内，已达能以先天之神为体用之境，此即"刚乎其神"之精义。

"其几速于影响"一句，描述了"虚灵"功夫之应变神速，几乎超越声音和光影，体现了寂感而通的"自动"艺境。

浑之体是形而上者之道体，形、气、神，乃形而下之器。形、气、神的三形之修，极至道成，即三者浑元归一，此练用之妙存乎虚灵之人。此乃剑术、剑道，拳术、拳道通用的修炼模式，是修炼者入道、体道的开始。如果坚持正确的修炼方法，克以术而成道，小可神变超乎尘技，大则气夺万象超脱各种劫难。其运用范围之广，岂是只掌握一攻防之技就可言说其神妙和浩渺的呢？愿学者虔诚修炼矢志不移，做大有作为的君子。概括地说是"以造于神武不杀之时"。此言意为虽然达到了神化之功，但与人角技，仍要保持"用必打犯而不伤人"之艺境。这时，赞美参照天地化育万物的生生之德、广生之德，实施君子的修炼之德、应用之德，也就是"当能赞参天地"的又一层精义了。

能立于此，则足可免去后人的是非争议，止戈于万代之后了。

故曰：大仁不仁，大勇不勇。噫！于剑学之中，克取法乎上，盖已解矣，而况于道乎！其奥更深。其能庸行造极者，则将几绝矣哉！

玄真玉妙真人心坛　撰序

光绪二十二年丙申九月戊戌朔日许国本　敬书

阐释

先圣治学教化万方，作《易》以顺性命之理。手战之道遵此而立修炼、建体、至用之法式，讲求仁、勇。仁者，是阴柔祥和之德性。"大仁不仁"，即讲用之性、德。大仁，指武事修炼，外操柔软，内含坚刚。所谓"大"者，乃人遵道行者为大。以柔软接坚刚，内要含蓄坚刚而不外施。不仁，乃言义之作用。义者，乃"阳刚直率"之德性。无坚不摧，无恶不除，是不仁之精义，见大仁才有大义。

古人云，勇乃力之奋。《诗经》云："无拳无勇。"而《六合十要序》中有："心为勇性。"可知勇乃心性之所生。勇有大勇和小勇的分别。以手战之道来论，"以外形为制，任气用力，神从则害"，属尚力派，为小技，是为小勇；而"以神为主，以气为充，形从而利"的内家拳法，属尚德、尚意派，即"以柔用刚"的大道，此乃古人所言之大勇，即仁义之勇。

然不勇者何意？不勇，乃求大勇之心态、方法、艺境。此乃遵"反者道之动"的宗旨所确立的修炼、至用之法则。其不以小勇为勇，知"勇在不勇之中"。"内要含蓄坚刚而不外施，终柔软而应敌，以柔软而应坚刚，使坚刚化为无有。"其修炼时"幽乎其气，柔乎其质，刚乎其神"，神、气、形内外三宝合一，浑化归一；运用时以柔用刚，不撄人之力，顺其势，借其力，让力头，打力尾。其艺境乃"不先物为"之"无为"，"因物之所为"而"无不能为"，人不知我，我独知人。

本序言最后感叹，于传统手战之道中，克己之欲，取上乘之修法以修炼自身者，已经很稀少了。炼虚合道、寂感而通的道境之修炼，其精髓奥旨就更深邃玄妙了。其能以平常心，惟道是从而造极者，则几乎绝迹了！

浑元剑经内篇

剑髓千言

夫剑乃儒雅中之利器，有正直之风，和缓中锐锋，具温柔之气，灵则通神，玄能入妙，飞来飞去，无影无踪，作云作雨，如虎如龙，变化莫测，转展无穷，诛人间之恶党，斩地下之鬼精，可破阵以攻城，随手指点，草木皆兵，可防一身之害，资三捷之成，故珍为致宝，运可通神。光灵明而不昧，体刚健而长生，扫则雾消烟掩，挥去则石走云崩。可避水火之灾，入不溺焚；可解刀兵之乱，视如不见。

其为德亦若人也，资禀于阴阳炉火之炼，性成于元亨利贞之能，百折不屈，九转而形骸备。铸冶始于神人，传授依乎仙术，习贵专精，功宜百倍，非取天地之气，无以培养人之本源；不吞日月之精，奚以轻身健体？非精足气不能清，非气足神不能灵。非内而精气神、外而筋骨皮，浑成一片，身不能轻。将何以飞取雁书、远逐鸿迹？非如此何以通妙，而能超众？能御大敌，足称万兵之祖。故精足则战耐久；气满则呼吸细；神清静而圆融，则变化莫测。故曰：身完天下无敌手，剑完四海少敌兵。能此二者，方可超凡入圣境，庶几驭众为高明，勿负古人之留意、仙佛之苦衷！

习得形剑成于外，则剑气备于内，是尔身心自有主。其为用也，可除灾以断水，可画地以成河；斩七情、断六欲而绝淫根；破异术、灭妖通以除恶党。神智从生，豁古今于亲目；谋猷克布，协治化以感通。儒之御侮，以此而威行；道之降伏，以此而欲空；释之真空，以此而功成。

夫剑气即罡炁也。而宇宙之间，亦必恃此为化育，主宰生杀权宜。故学者业贵于精，心宜于谦，艺当熟习，志莫骄矜。外有三尺剑，内必籍五本以佐之，始保一身安闲，无事纷纭耳。再者，此物为仁人之珍宝，彼匪人之所畏，故好而知恶为贵。或徒负气好胜，每生嫌隙。一旦欲胜乎理，小则鲁莽偾事，大则积愁成恨，反恨成狠，将祸延无已。此真好武中之恶习。

故剑法既成，尤当博阅天文、地理、人事，驳杂于中，在一番体认知改择中，卑以身处之心，又或于澹定之候，静以抚琴，涵养性真，化净猛烈之习，效成一片温和气象。外人岂能知哉？目为武士，而有儒雅之风，称为呆儒，而有威严之度。故君子有三变，望之俨然，即之也温，听其言也厉，功用到此，谓文兼武全将相身，更必出处有道焉。试止以时，不以道殉身，亦不失机，勿贪为主，勿客为先。如有欲习此者，详言喻众，莫为己私，化传万方，奠定国家，小则终保厥身，大则兼济天下，岂可轻乎哉？试思昔有伯温先生言：此天子气也，十年之内，必都金陵，吾当负剑从之。非明悉天文地理人事，善舞剑而能止戈者乎？更有善观剑者风胡子，善舞剑者李靖、伍员、吴季子等，孔门之季路善佩剑。于此观之，剑为奇珍，自古惟然。其用非但主于玩器，其旨趣亦深焉耳。

望古遥企，得精秘传者，不乏人矣。彼丈夫也，我丈夫也，吾何畏彼哉！必加一能己百，十能己千之力，甚勿空演招数。更须深参奥旨，方克许有为哉！

炼剑莫先于炼气，炼气要首在于存神。存神之始功，根于固精。能此方可以论剑之练法，否则作辍之，鲜有成为完璧者。工夫贵勿刚勿缓，和平得中，且存且养，内外兼济。直外便能和中，炼形亦可长生。活动筋骨身轻灵，周身气血力加增。由子至午锻炼外，自未至申静息中。戌则吞斗持罡，运用水火，和合坎离，妙在筑基，要乃清心寡欲。此入道之机、成道之具，岂可杳视？惟昼夜无间，则阴阳协理。呼吸定则灵光生，而三宝定位，同居其中。金丹日益，身法愈轻。昔唐太宗养剑士数百人，时或令舞，则诸士身共剑各飞。若此神舞，神威足以胜人者，非此而何？

夫剑贵乘机以进，无隙则退。故奇正明，剑法成；精神全，神力猛。古语之"一声吓断长江水"，乃威神并作也。既能如此，何患对敌难胜？非内外打成一片，难以飞而出快，妙而显神。非真阴阳生，不能召天地之精气神，归入身心。惟气结于根，久战如未战也。至于生威之道，在于存神。神能常存，久自生威。存神以固精为本。《圣经》①云：知止。止者，亦进攻退守之道也。进攻之道，见机而作；退守之道，忍辱为先。进退得宜，便为知止。若茫然而进与退，昧然而守与攻，非徒无益，恐招尤之媒来自面前，而悔已晚。是求荣反辱。欲固守己身，多助敌资，良可惜也。故曰：战胜一时，由于训练千日功夫。岂偶然乎？

人既为万物之灵，必心与道洽，庶几致人，不为人所致也。故君子必具天险王道之全，洞天时地理人事之权宜，其略则孙、吴、司马之策，始可运筹帷幄，决胜千里。故君子战必胜也，历观古人各有取法。昔亚圣云：浩然之气，至刚至大，直养②无害，塞于天地之间。夫浩然之气，在于天地间，则保合太和之气，以之生成，在人则空灵无间之气也，即真气。其中刚柔浑合、阴阳互生，即所以结丹粒之道也。其大莫喻，其小难破，而来往造化之神涵于其内。故曰：放之弥六合，卷之藏于密，直养即勿妄勿助。

直自然先天之力，在神为非人力也。无害者乃顺生机之自然，去其害生机者也。养至真息圆满，百慧从生，永生无灭。小可经纶，大可赞誉天地，故曰则塞于天地之间。

夫勿妄者，非具刚决武火之力，安能常于若存？勿助者，非有攸柔文火之功，安得依行不僵？果能明道不计其功，是无为之为，神为也。能庸行无息武火之力，固少顽空昏沉之偏。至若乐行不期报，亦非人力之有为，以其呼用略照吸用。全妄者，文火之功，岂更有着相燥妄之失，故内而静功、外而武学者，皆当准乎文武火候，以行为的。

故戕贼成者，终难深造乎道。绵长者久必显达。过急则锐，恐多退速之虞；太缓则疏，未免作辍之情。然二夫准期何在？诗云：

> 休逞欢来歇力行，免将过役倦容生。
> 中庸万古传心法，中以庸行戒律清。

> 气欲足兮精为本，神光无滞天地春。
> 四肢鼓荡皆符道，力量增加要日新。[3]

剑法又有：正奇正、奇正奇、奇中正、正中奇、奇中又奇、正而复正，六门之别，所宜别辨而熟演之。凡高势双势为正，旁门低势小势为奇。低忽高，旁忽正，单化双，奇中正，高忽低，正忽旁，双化为单，正中奇，左腿为正，右腿为奇，剪并奇，飞步正，颠换步奇中正，丁字步正中奇，前弓势奇中正，七星式正中奇，四平势伏虎势为正，钓鱼问献为奇，三揭为正中奇，齐眉剑为奇中正，刺猿剑为奇中奇，飞仙剑为正中正。是皆阴阳变化，尤当洞澈，可阐发而彰明。

论阴阳手法，阴来阳敌，阳来阴敌。若阳变阴、阴变阳，还得看他阴阳虚实之数。故曰：悉明天地盈虚数，便是伏牛亲身传。习至如此，乃能全身远害，战胜守固也。

又有三步睡功夫。一曰仰卧，两腿直，十足指回勾腰控，存想涌泉，双手搭扣撑住；二曰左偏卧，头枕左足尖，左手搬左足跟，右换如之；三曰伏卧，双手抱头，足跟朝天，十足指尖用力向地，存想泥丸。随便卧时，头腰腿要三直。立时足勿实踏，双手齐垂，目光四射，时或垂帘。行步必活稳轻急，宜自跟撇尖碾，行非无跟之轻跳。闲息时，有引气下行之法，乃六字诀，连念到下丹田存在。久则气不涌出，亦能久而无倦，用力少而成功捷。

巧从熟生，灵从快生，刚生于柔，智生于拙。非养得目有神光，难使敌一见生畏怯于心。非神光难御乱敌。非有元光，难临大阵而耐久。灵光者，身外有红光缭绕。神光者，目中有青苍之气，足以照远出威。元光乃身外黄光闪烁，是内外功满，毫无缺欠，浑光普照，无隙可乘。惟目中剑内手上，更有一番稳准气象，足使人畏。故敌人动得其咎。学力至此，乃为练家，方不愧居其名，亦可留芳千古，令后世慨见而神警。故闻声而惧者，因实称其名，威感凤著也。此真向战不持寸铁，何待矢折而胜也耶？古之将帅，操不胜之术者，以其训练精细，百战无敌，谁敢慢视哉？

又要诀曰：一精气神，二刚柔力，三遐迩相当，四阴阳相济，五剑逢双刃与双锋，皆指其展转灵根；若敌大刀共大战，来回紧急隙间攻。

前所云六字诀，传列于后——提催灵闰（音按）妙工。

此乃通天彻地功夫，宜得暇即用，久可却疾，添益精气，培补下元，活涌泉穴。此穴开通，则身中筋骨血络，皆舒展自如，乃千古不宣之妙，宜当时习之即觉也。提者，自涌泉直上泥丸；催字，自天目中少停，绕头三转，自左而右；灵字，至玉枕，归一度喉间；闰字，分入两肩，从臂内降至十指尖，由手背上穿缺盆夹脊，横穿前后心，降脐中少停；妙字，自腰眼小小穴三转，少停至海底气海④多住，降肛前肾后即会阴少住，至尾闾多住；工字，入环跳穴多住，至膝胫达涌泉，反上胫间，膝后多停，升到肾前九转，至下田停住。九转为满，此坐功完也。

夫行走之间，更有三字诀，乃"清、净、定"也。清字，存神泥丸，如水清月朗，风轻日暖；净字，一气到脐，思看取莲花净⑤之意；定字，一气至海底停住，思如泰山之稳，外诱难挠，如松之茂，如秋阳之清暖，如露之含珠，月之浸水。其坚如刚，其柔如絮。再合而为一，自泥丸一想涌泉，浑浑澄澄，无碍无停，久则神光聚也。

> 气愈下兮身愈轻，
> 神居上兮心生灵。
> 精常固兮法术行，
> 形自空兮玄妙通⑥。

外固则内壮，心静则神安。欲为人上人，且莫行捷径。

> 工夫要在学愚鲁，神常生兮心如腐。
> 不见不闻身形固，不动不牵意诚笃。
> 何非大效何非功，务远贪高徒自误。

出奇本乎平常，出妙由于拙笨。故匠之诲人也，能使人以规矩，不能使人巧。善哉斯言也！且出快之要，非能接天地之呼吸，难至高超。欲得接外呼吸，当补内壳之三宝。凝坚而后，则目光清活圆润，面见金色，乾中润泽，周身若绵，声音响中绵软，此为内足之证。外佐以操练之功，久则风从足下生。到如此境界，方谓天根月窟常来往，三十六宫都是春。时乎可与天地通气机，与仙人通言语，借日精月华以自补，合太极为一体，内外合一。

浑身有痛酸之处，痛是气虚，酸是血虚，或气血之不到，然犹有别。皮里肉外脂膜未净者，酸多痛少；精虚损者，痛多酸少；气血初畅之时，亦痛多酸少。酸中带麻木，或抽筋者，两虚兼积寒湿，或偶感误中风也。

尝思天下之物，皆具灵气，况人乎哉？人为万物之首，受命而后性理咸备。果能从生后识开之候，窒欲惩忿，使七情六尘永息无生，则人心日死而至灰扬，道心日明以至纯粹，则基乃固矣。且心中各具七壳，尤得当诀以通，斯可矣，曰玄通、灵根、妙钥、统真、通枢、涵神、洞幽，左辅元龙，右辅白虎。

玄通壳开，则甘露每夜子时升于泥丸，每日午时，流贯周身，则皮肤鲜嫩。

灵根壳开，则先天之精，刻添一粒，日夜生九十六粒，流走上下；久则皮润泽生，光眼清爽，永无生眦发热发胀昏迷；虽数夜不眠，亦无倦怠，面色如金。有歌诀两首为证⑦。

一

一窍开时便通天，初时幽暗玄又玄，
静侯静待无烦恼，灵根洞开入九渊，
霹雳声声飞龙起，一片通明九重天。

二

此时天人合一体，便与天地通气机，
可借精华补自己，灵神圆满香寰宇，
根窍通时百窍通，此窍通时知天机。

妙钥壳开，则心性含香，阳和遍体，而立主宰，外则芳气袭人，身活如绵，发招捷速。

统真壳开，则目读心契，理无畛域，虚灵圆满，耳通真言。

通枢壳开，则身活骨轻，百节生胎，日夜不眠，永无怠倦。

涵神壳开，则气无涌出，神生泥丸，普照涌泉。左目日也，右目月也，故日照临下土。

洞幽壳开，目生真精，而天文地理奇偶之妙，变化之神，自然豁通于心矣。耳塞能通，清音可聆，役使勿停。

元龙白虎壳开，则周身三万六千毛孔皆开，通天地之气。功夫至此，周身气候，节之运行，与天地无违，久则孔孔生胎，则外三宝始称坚实，无六淫之感，可谓疾魔退矣。

夫练剑亦当先开七壳，再演外武功。火候有准，武备成道法明，所谓性命双修者此也。平时贵饮白水，茶多伤神冷精，使阴阳未和，奚以刚柔相济也？食宜淡，浓则浊，气挠神，珍馐美味也，况肉食乎？非身心了无一病，何以神通绝技乎？五谷之气，尚能损人，而况厚味乎？故嗜欲消一分，则道长一分；臭味薄一分，则心性明一分。常叩大罗，则头中风火油渣之气渐消；常揉两腿根之筋骨核，则筋脉渐长。

夫气灵力长身轻之后，还须保养百日，方许试习。如随养随练，谓之抽筋扒骨，费力难成。如成之后，再力活静息三百日，则三宝凝定矣。又诗云：

> 精神凝结一团团，动静之为贵自然。
> 随所往来无阻滞，任从指点合先天。

又诗云：
> 手眼身勿滞，敌难知我武。
> 睛光威射人，甫不至于人。

稍疏便有失，此为真起手。

大成之法，先须活步身。单演招对招，入妙致人，方不助于人也。孙思邈之胆大心从，体用至矣。凡事依行，万无一失，矧在操技者哉？怯敌己必受害，轻敌亦受其计。惟御以胆敢，待以虚心。有胆敢则彼威自抑，有虚心则猝变堪防，庶免资敌致害。虽平时空演，亦如见敌一般。进退横斜，步加稳准，体验得深，习演得到。或无患临场失志，猝变难随也。

至若因变亦变，逸以待劳，或从之为进退，逆力以为揭献。或柔以济刚，阳以化阴，猝中含柔，缓中蕴刚。或寓进于退中，寄奇于偶内，虚中实而又虚，实中虚而更实。侧伏引诈之机，涵于无形；注定圆照之神，寂于觉里。蓄发之前，继发于已发之候，随发于将发之形，必深造于此，方能对敌无隙。

《书》曰满损谦益。尤必以有若无、实若虚之心，卑以自居，乃为妥要。若偶或稍漏一心，则愤恨之气便起，是自取其乱之媒，斯为以艺累身。何其惑乎甚矣！

再动示之不动，进示之以退，可谓因人随变。彼虽机妙，乌能灾我哉！倘夙未细心，或疏茫动，败有必然者。又有顺逆诳呆，骄慢喜怒，动静远近，立行反霸击神之策，要在因地制宜，因性施逆。

又曰：气盈神灵则胜，气欠神昏则败。若平时技精兵练，声名自著。要知异地人情之喜忌险曲，地势之夷险宽窄，设防变外。知天则生克造化之理悉，知地则山河进退之路熟，知风土则计策易决，知人情则引诱乃顺。知此者，自能心在规矩之中，神游规矩之外。造诣如兹，讵能为所误耶？

止戈之术，可备而弗用，岂可用而无备？故临渴掘井，晚之已甚。艺高慢敌，昧之至矣。故君子贵尊贤容众，采群智以择从，谦以自驭，敬以接人。柔中刚非愚柔，此处出全身浑形远之道。群魔尽散，而高人义士得以近接也。故天时地利，不若人和。止戈之法，如斯而已。

是以慧笔挥来，乃见龙飞凤舞。心坛授持乎人力，仙机阐天地几绝之奇文，启后觉由生之等级。虽经中奥蒂或有漏遗，而剑内奇观已称略备。果能依此，若阅星霜，当不见弃于天地。勿谓纸短情长，言多莫如言简。若禀斯言，行难知易。练身要在练心，愿从此乘为万代遗规，相传以绵绵不息也已。

噫！克于依行，继传不息者，抑亦观难其人也。第谨笔之于楮，先生之面前，以待后学之取式。故将其中妙旨变式，备详于后。特为三复致意，识者当勿忽诸尔。

河北云中子立福识

注释

① 此处的《圣经》，乃指《易经》。《周易·艮卦·象传》："艮，止也。时止则止，时行则行；动静不失其时，其道光明。"

② 原谱缺"养"字，据"气以直养而无害"而加之。

③ 此歌诀原为八句合抄，以押韵及内容言，当为两首，各四句。

④ 海底气海，此处指内气由腰降至尾闾再到会阴穴，复上升到气海丹田中。下一句之"降肛前肾后"，是指内气从丹田又降落到会阴穴了。会阴穴又名壶底。因有"弄壶中之日月，搏手上之阴阳"的说法而得名。

⑤ 莲花净，内功心法中有"莲花童子功"的修炼法式，内可成此景象。

⑥ 此句不见于通行版本。

⑦ 此句及歌诀两首不见于通行版本。

剑学指要

夫剑者，见也，见机而作也。机者，枢也；枢者，腕手活动之谓也。豫知枢者，而能防其机，致胜之由也。由者根由，知其由来，能弭其源、塞其流者，焉有不胜之理乎？

剑法之妙，妙难尽言。剑分先天与后天。先天之剑，灵活自然。敌剑未动，而我先知之，一目了然，便可应变通权。彼进我退，彼后我先，彼低我高，彼左我右，彼直我横，彼提我伏，列此数端，可以类明。

倘然他来得快活，我退速伏退守，乘虚再攻其不备，彼必忙中失色。此败以伏胜之法，亦一破十二连宫之法。乃后天之剑，机在于肩，为发转之源；枢在腕，为曲直上下左右应用之官。明此，可谓为青白眼哉！

阐释

"剑学指要"也是手战之道指要，首要是见机而作。机者：时宜、合宜的时候。枢者：枢纽，事物相互联系的中心环节。此处之枢机，就攻防机制而言，有内外之说。由内而外言之，在神、意、气、劲、形、中六合一统攻防机制中，内为外之枢，乃听探、顺化之良能。以外形而言，梢节领、中节随、根节催，三节齐到力增加，此时腕手活动的部位为之枢，一身有形之枢机明矣！双方较技，接手便制住其根枢，如一臂之根节的膀根，一身之根节的足根，一腿之根节的胯根，手臂、一身、腿足的中枢之节肘、腰、膝。预知枢机者，而能防其机变，制住其枢，就能防止其变化，此乃致胜之由。由者，根由，知其根由，截其劲路、塞其劲道，焉有不胜之理！

剑术之妙难于尽言，其可分为后天之剑、先天之剑，此与拳术中分外家拳法、内家拳法同。

先天之剑，应与内家拳法的懂劲相对应，尚先天自然之力。后天之剑，则是与内家拳法形拳招熟相对应的形剑法式。

先天之剑，乃指懂劲的神知艺境，故而灵活自然。敌剑未动，而我先知其虚实动静意图。正如孙禄堂先生所言："拳术至炼虚合道，是将真意化到至虚至无之境，不动之时，内中寂然，空虚无一动其心，至于忽有不测之事，虽不见不闻，而能觉而避之。《中庸》云：'至诚之道，可以前知'，是此意也。"可知拳道、剑道、手战之道，皆是"至诚之道"。而修炼至"至诚"境界，当是剑道、拳道、手战之道之要点。

"彼进我退，彼后我先，彼低我高，彼左我右，彼直我横，彼提我伏"，其所列六种方法，说明了顺随施手用招的法则。即能前知，较技对阵，便可审机度势一目了然，随机权变造势了。总之，其要在"乘虚再攻其不备"。采用迅速的退伏退守策略，乘虚再选隙攻其不防备之处，彼由于出乎其意料而慌乱，我则乘机胜之。此乃佯败以伏胜之法，用此一法，可破"十二连宫之法"。

后天之剑，"机在于肩，为发转之源；枢在腕，为曲直上下左右应用之官"，此论外形之攻防机制。此乃"小枢"之论，而实际应从全身外形而论，机在足，枢在腰，是从人身三才部位的根、中、梢三节论枢机。而此"小枢"之论乃简说，故经文后面尚有"大小枢"之说。剑法是步法、身法、剑法三法合一而运用的，先天剑法以神为枢机，合观之，正成此"大小枢机"之论。

先天剑法和后天剑法，除先天剑法崇尚暗劲法式，后天剑法多明劲法式的区别外，其所用攻防之招式及应用法则，基本上是一致的。有了这样的认识，我们对先天和后天剑法的区别及应用的方法、准则，就心中有数了。青白眼：《晋书·阮籍传》记载，阮籍处世见人能为青白眼。青眼：眼珠在中间，是正视时的目光。白眼：眼珠向上翻出或向旁边转出眼白的部分。青眼表示对人的尊重或喜爱，白眼表示对人的轻视或憎恶。此处借以表示对先后天剑法窍要有清楚的认识和判断。

明白了上节所指出的剑学要点，可谓明青白眼哉！何谓青白眼？即黑白分明之法眼，较技时审人度势，能明见，能通幽，能察彼之来龙去脉，也就是现在所说的"行家的眼光"。谚云："行家看门道，外行看热闹。"故知：传统手战之道的行家里手，才具有青白眼。这与其他行当是一样的，内行就是内行，外行总是外行，然外行可经过修炼而成为内行。这要有明师的口传身授，加之自己勤奋好学，苦修苦练，持之以恒方可。

气贯周身法

夫气起于丹田，升于泥丸，降于背，入于肩，流于肘，抵于腕，至十指尖，此气之上贯也。气生丹田，入于两肾间，降于涌泉，此气之下贯也。气随心到，心逐气穿，心能普照，气自周全，久而力自加焉。式如行云流水，无停无滞，瞬息存养，动静清轻而灵，入手神妙，可以进退如意，形无定门，非斜非横，忽高忽蹲。功夫到此，可谓通真。

阐释

手战之道以炼气为先，贯气之法是炼精化气，真气生成之

马国兴释读《浑元剑经》

后，周身上下内外行气搬运的总称。《易筋经·贯气诀》专门述此贯气之法的练用。其法不外乎炼精化气、炼气化神、炼神还虚，自达真人艺境，即与太虚同体之艺境。由于历来所传之法不同，故贯气之法，运行之道路，所历之境界，亦不完全相同。由于功法不同，所得内气亦会不同，但最终效果却是无疑的。

不同的贯气之法，对精、气、神、血所产生的效果也不同；对筋、骨、皮、肉所造成的脱胎换骨、脱拙换灵的效果也不同。对修炼手战之道者而言，不同的贯气之法产生的攻防境界亦不相同。而本经所言的"六字诀""三字诀""通七壳"诸法，都是很好的方法。故此贯气法，也应是经常修炼的方法。

丹田乃气海，内气积聚、存蓄之所在。内气由阴阳精相交而生成，初成之内气，阴性太盛，尚无灵性，必须通过运行，在全身周游，方可逐渐地去其阴性以成纯阳，最终神气归一。故拳家说："十年练拳，十年养气。"

此贯气法的内气起于丹田，沿腹胸颈腔内直升泥丸，此处泥丸乃百会穴。降于背、降于肩、流于肘、抵于手腕、至于十指，此上半身之贯气法。

泥丸：丹书多言泥丸宫，古人将头中炼丹存神所在称为"泥丸"。泥丸宫非百会穴，而是另一所在。在囟门下靠前，左右太阳穴连线的正中，印堂、天目内，有一圆形空洞球体（并非实体），此即为泥丸宫，此宫按前人说法，方圆一寸二分。然泥丸宫非一定方法不能开启，故有妙开泥丸宫之法。泥丸宫开启后，可为炼丹成丹之所在。

气生于丹田，入于两肾间，即会阴穴，分两股至左右环跳穴，经大小腿、踝，至涌泉穴，亦可通命门至环跳穴而下贯，亦可由命门至会阴复返环跳，此下半身之贯气法。

此贯气法的上下两贯是同时进行的，自可成上下两夺之势，即现时所言的对拉拔长或对争。此只对内气而言。

拳自心生，捶由意发。心到气到，气随心到，主从明矣。心之使者，意也。故心到、意到、气到、力亦到，即内外一贯一至之意。心逐气穿，逐者，驱使也。气无所不入，可入于无间，凡气所达之处，心能普照何处。心之所明，借气之所行而成之，心气不通，则心昧不明。可知贯气之法，就是明心见性之法了。为何前贤论内功修法，皆言"贯气"而不言"灌气"呢？贯者，一气贯串之意，而灌者，乃灌满之意。故知贯乃一气通畅，灌则滞矣！

久而力自加焉。此"力"乃指"先天自然之力"，可直以"内气"来言，其有"不力自力"之妙用。

如果将"久而力自加焉"理解成后天有为力法，如肌肉爆发力或尚气用蛮力的筋努骨突之力，就谬之千里了。通观剑经所论，毫无此后天有为力法之言。倒有"是统三才于一致，内而精气神无少缺欠，外而筋骨皮一息坚融，至是则内空灵，而外灵便。此浑元功验之所以然也"一段论述，讲的是先天自然之听探、顺化能力，即以柔用刚的攻防至用之能力。

久之内气、外形的刚发柔化掌握得愈加细腻，则可"以柔用刚"。行招用势如行云流水，生生不已，无停无滞，瞬息存养，动静转化清轻而灵，刚柔变化劲势方圆曲直分明。以此功夫境界与人较技，可以进退自如，皆因人不能知我，而我独能知人。顺势借力，毫不着意，他意即是我之意；机在人先，形不妄动，他形便是己之形。故形无定势，意无专注，视正犹斜，视斜犹正，非斜非横，以正用奇，随高就高，随低就低。功夫修炼至此，可谓已通传统手战之道练、体、用之真谛。

精神气息解

夫气足耐寒，血足耐暑，神足耐饥，精足力绵。惟真阳以御之，则蒸然流遍大千；血犹油也，惟真阳以化之，则渣质净而胎元生；神即心之主宰，人之主人翁也，逢火煅之则光凝，遇水润之则体灵；精即髓液，遇火则融注，逢水则清明。总而言之，四美也。气、神、火也；精、血，水也。水阴中之阳，火阳中之阴。阴潜于阳，阳伏于阴。水火融和，内外功日进。又云：神阳中阳，血阴中阳，精阳中阴，气阴中阴。阴阳结合，一元复昌。泥丸为神舍，玄牝为神谷，涌泉为火眼，气海为火元，白虎为气壳，尾闾为气路，方寸为水宅，周身脉络为水渠，舌本为甘泉。精血者气之化，神亦从之。精舍即生死户也，神胎所结之区，而真意生焉。若能常常照觉，则四美日益，至于能斩开内外之壳者，乃神之良知、气之良能也。悉御之以静，则水火升降、温润之验，日甚一日也。神足力勇无息，悉发于先天之自然；气足则九万六千毛孔生胎；精足则皮肤如婴儿；血足则肌嫩彩泽，无皱纹也。

阐释

精、神、气、血，四美也。息者，此四者生化之子母关系。这种生化关系，历代修炼家的认识和看法虽不完全相同，但从整体上看，并无大的异议。下面引用古代修炼家的论述，以便理解经文的宗旨。

《易筋经·贯气决》载："元精，非津液脂髓之精；元气，非呼吸吐纳之气；元神，非知觉运动之神。元精，能采阴阳之精华，结成为精，生亦能变化无穷，神通广大矣！生时不过能养灵性。至若元气、元神，即经元神存养多年，功行圆满。神用之大放光明，亿万化身，敛之则如混沌一元。气用之则风云雷雨，变态无端，藏之则与太虚一体。元精足，护元气元神，下能随元气送元神上升。

修炼家所以炼元精者，为养元气、元神故也。就即生时观之，元精乃元气、元神之母也。元气、元神活活泼泼，虚虚实实，不即不离，极明极灵。元神又为元精之主宰，元气又做元精之驱使。神气之重，更不待辩而可明矣！气乃精神之中枢，此论明矣！"

《易筋经·贯气诀》载："神者，气之灵明也，是神化于气，气无精不化，是气又化于精矣。盖人之生也，禀先天之神以化气，积气以化精，以成此形体。即生之后，赖后天水谷之津液以化精，积气以化神，结于丹鼎，会于黄庭，灵明不测，刚勇莫敌，为内丹田之至宝，气力之根本。

故气无形，属阳而化于神；血有质，属阴而化于精。神虚，故灵明不测，变化无穷；精实，故充塞凝聚，坚硬莫敌。神必借精，精必附神，精神合一，气力乃成。夫乃知气力者，即精神能胜物之谓也，无精神，则无气力矣！"

中气，即仙经所谓之元阳，医道所谓之元气也。以其居人之正中，故武备名曰中气。此气即先天真乙之气，文练则成内丹，武练则为外丹。然外丹未有不借内丹而成者也。盖动静互根，温养合法，自有结胎还原之妙。

我们结合引文和经文所论述的内容，便可解得此经文之意了。

气足耐寒：气属阳，阳足则耐寒。血足耐暑：血有质，属阴，阴盛则耐暑。神足耐饥，精足力绵，精神合一，气力乃成。气足则不知疲，精足则不思食。气犹水，惟真阳可以驾御，蒸腾周流一身内外。真阳者，元阳也。大千，此处即指全身内外。血犹油也，以真阳之火炼之，则油纯而渣质去净。由此可知：气血之周流蒸腾、质净，皆以真阳为原动力。所谓"胎元生"，即喻之有灵性。此气血之论，乃言人体之本元。修炼手战之道是顺生机之修，去害生机者。故修炼家们皆以气血生化之理论述修炼之事。

神，心之主宰。此"神"具灵明之性体，非经修炼得当，不知其存在，不知其功用能量。故曰："逢火煅之则光凝，遇水润之则体灵。"即内功修炼法的"天一生水功法"和"地二生火功法"。神得水火之炼，方能清明灵光。

精，讲为髓液，实指阴精、阳精经修炼而融合化一之物。遇火煅之方能融洽合一而能注于四肢百骸，逢水洗之方能清明无杂尘。

一般而言，气、神为阳之物；血、精乃阴之物。气血调和，精神乃住，身心乃健。攻防所用，气血精神尔。故曰此为"四美"。《易》曰："黄中通理，美在其中。"就是指修炼者只有"四美"蕴其中，方能身心健康形于外，攻防技击能运用。此乃"以中治外"之宗旨尔。

神，阳中阳；血，阴中阳；精，阳中阴；气，阴中阴。神，最灵最明，最具神通，故以阳中阳视之。血，阴之物具阳之性，故以阴中阳视之。精，阴之物，化阳致用，故以阳中阴视之。气，虽属纯阳之物，但寓于无形之中，虽能接于有形之表而不可见之，又可达至幽之境，故以阴中阴视之。此四象的阴阳之解，与前面所论的阴阳之说，本质无差异，只是论述的角度不同，其目的是说明下面的论述。

阴阳结合，即精血神气的结合。以内功修炼，可神充气足，精足血足，既可养生，又可技击。这充分表现了传统手战之道养生、技击并行不悖的理念，无非是静练体、动练用。此段从精神气血的生化机能、练功方法方面，较细致而又全面地论述清楚了。

此篇的核心思想，就是内功修炼的主要功能，即"黄中通理美在其中"。同时还解释了一些内功修炼的名词精义。

剑诀提纲

八式者，奇、正、背、向、钮、跨、起、伏。

八法者，隙、几、猝、转、刚、柔、缠、继。

八形者，象乎龙神之变化、狮骨之清健、鱼跳之自然、蝶舞之蹁跹、鹤立之超峭、猿跃之灵稳、鹿奔之迅速、猫伏之窈窕。

三门者，上、中、下。又分前后左右，共分三四一十二门也。

诗云：

招式八式别三门，仔细推来仔细寻。

莫把神机看轻了，务须功力体精神。

八式者，奇、正、背、向、钮、跨、起、伏

八法者，隙、几、猝、转、刚、柔、缠、继

阐释

既言"剑诀提纲"，当是提纲挈领之要点，下面依序逐字分析。

八式，乃身法之八式。

奇，乃六门法中的奇式，旁门、低势、小势为奇。

正，乃六门法中的正式，正门、高势、双势为正。

兵家言：以正对敌，出奇制胜。拳家言练用中的攻防招式的奇正互变，皆从自身内变而言外之奇正。此八式的奇、正，是以"身法之势态"而分。"形为正，劲为奇"，此即以柔用刚之攻防技术的精义。其中单数正，偶数隅，此乃论体；然其用，则为"正者奇，隅者正"，即"以奇用兵，以正合"。

背，以身形朝向分"背向"，身形不朝敌者为背。研究背向敌之战法极为重要。

向，身形对敌之面名为向，有奇正之别、起伏之分、扭跨之异，不可不知。

历来拳家论身法，很少以"背向"立论。但在具体攻防招法接应变化中，确有很多背向的攻防技术，如手法的退步钉肘，臀部的擂天鼓，迅转身的背折靠、虎尾腿、蹶子脚、后蹬，高级的倒踢紫金冠，背后的撤步剪摔等。历来拳家多不谈背向法，而此剑经把背向法提为纲中之要诀，可见其确有独到之处。有一本成书于清乾隆年间的《张横秋秘授跌打抓拿法》，曾在"大敌备要"一节专论"向背"之运用，可资对照，录之如下。

若值众敌四攻，其要以强弱，知背向。弱者背之，强者向之。反身先攻之，卸退再应强。所谓指东击西，视南攻北也。轩强摧弱以孤其势，降弱示强，以警众心。是为挫其锐气，以削其羽翼也。其初也，须大喝一声，张其神威，乃轰然发手，即警挫其能。卸退一步，势若山崩地塌；跨进一步，狠如倒海排山。横冲直撞，令其难挡吾雄；左投右身，毋使能敌吾锋。疾如奔电，速若迅雷；触之者损伤，当之者危亡。任其众敌齐攻，莫不骇心丧胆也，诚能如是，敌斯破而危斯解矣！

"向背"问题，如以身法劲势讲，则有"人刚我柔谓之走，我顺人背谓之粘"的"避向击背"之法式，又有向背的"前空后丰、前散后趋"奇正法的"前三后七"之论述和以柔用刚的"避向击背"之技术方法，实质上都是在解决向背问题，而"以柔用刚"是"避向击背"不争的法则。

扭，身法之拧转式，可称为扭。这可从后文"练身解"中的"扭式"知道。"枯树盘根"是典型的扭式；"犀中望月"也是立身时典型的扭式。

跨，乃单手托天式上下相随之身法，如丹凤朝阳手即是跨式，一般少林拳法的开手式皆以跨式亮相，其含有"接骨斗榫"的意义。一身则显半开半合之形意，半柔半刚之态势，乃身法左右刚柔变化的基本身法。不柔则不能扭，不刚则不为跨，体现了刚以柔为体，柔以刚为用之精义。

起，起势好似龙卷风。同一起式，有领提而起，有蹬踏而起。此中分别不可不知。

伏，分威法伏熊，收伏如猫，皆伺机而动之势。打人长身之法，皆谓之起，然无伏则无起，故起伏相互为根。一般按用法来说，进则长身为起，退则矮身为伏。

由上可知，此身法之八式，内气、外形柔外刚中，匹配合一，所有攻防招法的身式不出此八式之范畴。习练运用，皆以此八式为要点。

八法者，乃运用之八法，可与太极中的"掤捋挤按採捌肘靠"八法相比较。相同之处，皆为用之八法；不同之处，拳中八法皆系列之攻防法式，剑中八法所涵盖的范围要广泛得多，然其内容在拳学中又皆有阐述，下面分别逐字解析。

隙，隙即空当之意。诀言"见隙即进，无隙则退"，言明施招攻防进退之法则，是积极进取，但又绝非蛮干。是以顺随为法，乘隙顺势以发之。得隙在于听探，用隙在于顺化之能力。知人之隙可用，己不能有隙。自己无隙之方法，在于顺随。在顺随变幻中不滞不贪，先要自身中正，还要意在人先。最终可前知于人。

几，几从"机"，有乘机而进之说。隙、几乃是一对，即拳家所言之机势。凡能善用机势者，皆能乘机攻其隙，而自己出招用势无过不及，恰到好处。

猝，突然、急骤之意也。猝然之变，常可造隙、乘隙、用隙，故猝法是常用之大法。有快中急停，慢中突快，快慢相间，还有劲势轻沉的猝然变化的运用等，皆可使对手有隙被我利用。故此猝法充分体现了手战之道的"顺随为法，打人由我"，牢牢掌握主动权的策略。反之，若敌猝变如何防之？有虚心则猝变堪防。听探之良知，顺化之良能，达到最佳状态，方能做到临场较技，应变自如，亦不畏其猝变矣！

转，即较技攻防变化之执中用中之道。前人云"枢得环中，应变无穷""磨转脐不转"等，皆是谈圆转的内容。活似车轮，圆转如一，方圆互转，变化生焉！猝和转又是一对相互为用的法则。就古人所论"攻防变化，无圭角可言"，可达攻防用招入妙致人而不助于人的圆转变化之妙境。转为法时，必有转化的快、慢及猝的运用，才能有顺其势、借其力、乘其机、捣其隙的瞬间制胜能力。"机动灵活，圆转自如，先知于人，胜在当时"，即是言转法之精妙。

刚，以刚柔立法，亦从体、用二字求之。以体言，内气为刚，健运不息，纯粹之精，在体内独立而不改，乃一身之君主。平时为相，战时为将。

柔，以体言，外形为柔，镇静厚载，顺从之德，即形如流水是也，乃一身之臣民。平时为民，战时为兵。

刚柔匹配如一之体，必历"明、暗、化"即内气、外形匹配合一的艺境方能成功，即成剑经所言的"浑元功"之体用。以柔用刚的技术，其运用时的刚柔之势，又是如何呢？用于攻击时，用阴柔的外形站位，又有阳刚内气的逼催，以成形前气后之势，形劲一以贯之，方有捷效。

用于防守时，用阳刚之内气接对手之势，又有阴柔之外形的环绕，成气前形后之势，才有迅速化解对手攻势之妙用。

此外，还知道"柔行气，刚落点"的刚柔转化、以柔用刚之法，可谓懂劲了。

缠，古人云，"三股拧成的名绳，二股拧成的名缠"。缠乃从两仪论攻防之势，即内气、外形两股劲势。一方面自身的内气外形匹配如一，腾挪变化，细密周详而又沿路缠绕绵软悠长；一方面与对手拆拳破招，拆招破势，也要从之以为进退，缠绕回环，细腻蕴贴，才能无过不及恰到好处，才能时时处处制人而不被人所制。

施手用招，以柔用刚的沾粘之势，使对手不能离我而去，进退不得，这也是缠之艺境。对手无时不被我主宰，此皆缠之效用。

继，继往开来。攻防招式，势势相承节节连，连绵不断，势若长河，上招就是下招的预备式，乃继之义。有始有终，始于听探，终于顺化，周而复始，循环无端，亦继也。外形柔化而走，继以内劲刚发，刚柔变化无始无终，亦继也。正如经中所言："驭静以动，动中亦静，动静互为其根；柔化刚发，以柔用刚，阴阳迭神其用。"此乃点明"继"之运用法式。

自身有十三随法，对阵有十二连城之技法等，可相互变化连续实施，亦为技法运用时继之义也。就是修炼传统手战之道，由始至终，亦呈现由初期功法修炼，基础功夫定后，继续向中期功法修炼，再向高级艺境进修的规律。每一步、每一层次，皆以前修功法的功夫为基础，层层递进，这也显示了继的含义。就是传统手战之道的代代传承，数千年不衰，亦是继之义也。由此可知，继之含义深矣！

八形者，象乎龙神之变化、狮骨之清健、鱼跳之自然、蝶舞之蹁跹、鹤立之超峭、猿跃之灵稳、鹿奔之迅速、猫伏之窈窕

阐释

这一段象形取义，述八形而立法。此乃古人以物喻物，借物言物论述手战之道的拳理拳法。经文从龙、狮、鱼、蝶、鹤、猿、鹿、猫八种动物之形立论，故曰八形。而此八形，亦可视为八能，取八形之能集一身。

象乎龙神之变化：龙可上九天、下九渊，用力不见力，善变无形又无穷。内气，乃纯阳之物，以龙而喻之，形象且逼真。外形，阴柔之物，象地。龙有搜骨之能，喻外形柔若无骨似龙之形，乃因内气贯通周身。

内气、外形，柔外刚中匹配如一。"象乎龙神之变化尔"，极言"善变无形又无穷，不疾而速得真宰"之意和"如龙灵变，用力不见力而山莫能阻"之势。

狮骨之清健：此乃以狮之雄健而喻自身骨架之矫健。手战之道中的骨架，有两个特点，一是攻击时接骨斗榫般的形如钢铸，二是化解时的柔若无骨。而这两个特点，皆以狮喻之。只有骨质坚硬，才能用于攻防之中，此乃本经以狮喻身架之精义。

鱼跳之自然：以鱼跳喻手战之道身法。俗云："斤鱼斗力。"即鱼在水中，鱼重一斤，当你扑捉时，鱼的弹抖能有三十多斤的效果。王芗斋先生云"顺风旗，河里鱼"，是言先天自然之力，

73

"不力自力"，纯自然而用之。拳谚云"无力者纯刚"，即"鱼跳之自然"，势之能也。孙禄堂先生说："攻防之势，纯出于自然，不要格外用力。"其中格外用力即非自然之力，即非"鱼跳之自然"力也。

蝶舞之蹁跹：古剑诀中言："蝴蝶双飞射太阳，梨花舞袖把身藏，凤凰浪翅乾坤少，掠膝连肩劈两旁。"此以蝴蝶飞翔忽高忽低，忽聚忽散，双双盘绕回旋而进，比喻拳势之用，潇洒自然而又让对手捉摸不定。此乃"拳有定式，而又无定式"之意，"蝶舞之蹁跹"以借喻之。

鹤立之超峭：峭，乃山势又高又陡之象，又喻严厉且一丝不苟之精神。故知前贤以此喻攻防势的"静如山岳之峭拔，打人全凭盖势取"的峭立威势。如少林拳经中的"双肩紧夹而陡来"，即此意也。又喻攻防之势瞬息万变，只有秉性严峻刚直，才能峭立于对手面前，使之畏惧。古人创各种形拳，其精髓处，乃非形似而神似。知此者，即明形拳立意之妙谛。

猿跃之灵稳：此指长臂猿，非亲目所见长臂猿之纵跃者，不知其灵，不明其稳。长臂猿纵跃之迅疾敏捷使人眼花缭乱，忽尔骤停，悠然自得，安闲自在。其动之疾，不知其所向，灵敏迅捷；其静之稳，静若止水，若然无事。静动之变，灵而稳健，稳健之中隐藏灵动之机，松静自然。故拳种中有"通背猿拳"，乃借长臂猿而喻拳之修炼、建体、至用之精义。

鹿奔之迅速：当代已由"马有疾蹄之功"而代之，不独为步法尔。上谈猿跃之灵稳，亦不独手臂尔。两者皆此意也。故古有"寸、踮、过、快、溅"五步法，皆应如鹿奔之迅速方可运用。步法乃载身之舟车，不敏捷迅速，则一身呆滞。步乃手法身法变化之根基，不迅速敏捷不能谈攻防之变化。为说明这一点，前贤以鹿奔喻之。

猫伏之窈窕：窈窕，松静柔和，轻灵美妙自然之意。收束为伏，展放为起。防守则收束，攻击则起势展放。前贤言防守之态，缩作一球，乃收束之俯伏状。收束之势要轻灵美妙而无圭角，使对手无可借用，无隙可乘。故前贤以"猫伏之窈窕"来比喻收束的防守之势，其精髓自见矣，妙义自生矣！古有"分威法伏熊"一说，后来拳家以"收伏如灵猫，展扑似猛虎"来比喻收束势的轻灵与展放势的威猛。经文以"猫伏之窈窕"来说明"收束势的轻灵"，正蕴蓄着展放势的威猛。

三门者，上、中、下。又分前后左右，共分三四一十二门也

阐释

手战之道的功法内容，有"门户"之论。门者，攻防进退出入道路；户者，攻防进退守护之地。手乃攻防进退之道路，步乃站位得机用势之根基。故有"拳从口出，拳从嘴出，拳从洞口出"的说法和站其位、拔其根的用法。

从门立论，自古就有以天地人三才立论的三门法（手为天门、肩为地门、肘为人门）、以手臂之上下里外分的四门法、以上下左右中来分的五门法、三门加四门的七门法、三门加五门的八门法及以"杜景惊开、休死生伤"立论的八门法。

而此剑经以天地人三才立论，取上中下，而有前后左右，分为三四十二门，立十二门法。

诗云：

招式八式别三门，仔细推来仔细寻

莫把神机看轻了，务须功力体精神

阐释

此歌诀对"剑诀提要纲领"进行了全面的总结，并又提纲挈领地说明了"剑诀提纲"的精髓。

招式八式别三门：各种攻防招式，多得数不胜数，不能死记硬背，照猫画虎。如果这样，就会画虎不成反类犬。应当用约繁就简的方法，将所有的攻防招式，按八式的奇、正、背、向、钮、跨、起、伏，分类而通之。再以三才的上中下三门，法约而化之，这样就可将所有的攻防招式，融汇在三门八式之中，并以八法而用之了。这是由繁化简之法。

仔细推来仔细寻：能将所有攻防招式以八式、三门区分开来，真正做到约繁就简，也要经过一番认真的推敲，只有心领体会者方能得心应手。

莫把神机看轻了：神者，先天自然之神。传统手战之道是以先天自然之神，即人的主观能动性为体用。古论乃"神也者，妙万物而为言者也"。机者，神明、内气、外形三者浑化合一之机体也、机制也。此乃"以神为主，以气为充，形从而利"的攻防机体、机制，简称"神机"，乃体、用的两重意境尔。这说明在"招式八式别三门"的约繁就简过程中，一定不能忽略了神机的重要性，要时时刻刻将神机放在主要的位置上，这样才能达到预定之目的，取得最佳效果。

务须功力体精神：此处所言之功力，并非今人所言之功力。古人言功力，乃"功夫之能力"。今人言功力，乃功夫之力的大小。古人言功力，乃"精足则战耐久，气满则呼吸细，神清静而圆融，则变化莫测。精足气清，气足神灵"。内而精气神，外而筋骨皮，浑成一片，身自能轻灵，自能通妙，而能超众，能御大敌，即"文兼武全将相身"。故曰："身完天下无敌手，剑完四海少敌兵。"所以用"务须"二字强调"功力"的实质，体现的是精神。

以此歌诀来看，从招式起，到精神止，传统手战之道重精神的修炼体用宗旨，从古至今是一致的。何谓重精神？即"以神为主，以气为充，形从而利"的机制，浑元功法之义尔。亦即"听探之良知，顺化之良能"和以柔用刚的自动化之体现。

由上所论，乃知"八形"重在体现所借之形的功能神韵，即非求形似，而求神似。这就是"务须功力体精神"的另一层含义。

指南篇

夫剑有五不动。敌具过高过低、偏左偏右、虚点者，皆不动也。如不得已，当致招防护外，招不妄发。如他具若似伸非伸、似屈非屈者，亦须留神，再动为妙，此即手眼清明也。又分寸力，只在剑尖与掌握中，非大摇摆也，止在肩腕活耳。活则应猝，灵则轻准，柔则能随曲转移。彼一入圈，则难逃矣。刚则能御猛，当取舍得法，乃不贪不呆也。远近制宜，刚在他力前，柔在他力后。跟乃其步法身式；随乃其具之刚柔迟速、奇正横斜、高低撤伏之式；跃可解乱防危；伏可引以取胜；诈乃形之以七情之变幻，使他无所措手；提防时加一分小心，防敌之变，勿贪为尚。

后附诗云：

活灵稳准柔而刚，分寸清明取舍当。

远近高低于前后，跟随跃伏诈提防。

阐释

此篇所论内容，乃修炼、至用的准则和过程。

"戒律二十条"中，第十二条是"剑莫轻动"，而在"指南篇"

中，开宗明义也是"剑莫轻动"。对敌较胜负，剑有五不动。

对手的器械，距自己过高、过低、偏左、偏右以及虚点者，自己的剑不动。动则易露隙于人，为彼所乘。彼器械距己尚远，不在自己防守范围之内，故静以待动，使彼不知我之意图，此乃不资敌之上法。是否高、低、左、右及虚点者皆不动呢？否！如不得已，即对手之器械已进入自己的防守之范围，不防则易遭袭击，也要动。当致招防护，即只以防护的招法应对，攻击的招式不妄发，因此时攻击的时机尚不成熟。

如他器具似伸非伸，似屈非屈，亦须留神。彼伸则我引之，彼屈则我粘而逼之；顺从以为进退，听探对手之虚实，适时以从之，进退可四两拨千斤，此即"再动为妙"之内涵，如此行招用势即是手眼清明也。

然能如此，只因用剑的施招用势有"分寸"力。在剑尖与掌握中，"非大摇摆"，只是肩腕的灵活，分寸掌握得好，力度忖度得妙。此处用尺寸长短讲肩腕活动力度，是来区别用势力度的变化的。如借喻于长度单位，故有了分力、寸力等手战之道的术语。尺寸越短，功夫艺境越高，效果越妙。王芗斋的"大动不如小动，小动不如不动，不动之动，才是生生不已之动"，就是解释动之尺寸长短的论述。

活则能应付突然的袭击，变化无滞无碍；灵则轻稳准确，分寸、力度恰到妙处；柔若无骨自然能随彼屈伸而圆转变换；移形换影方能至极佳艺境，故彼一入我圈内则难逃失败的后果。只因引之使进，其不敢不进。其进之适位，猝然刚发。其因猝发，不能变化，自然败矣！

刚则能御猛，乃言柔行气中的刚发。然运用刚发要明白取舍之法，以顺随法则中的顺随为进退，方可制人而不为人制。要舍掉顶扁丢抗四病，才能真正达到"以柔用刚"的柔能克刚，刚以御猛的艺境。只有取舍得法，才能致中和达虚灵妙境。此乃不贪不痴惟道是从，积习而成之的道境攻防功夫。

前面详细地阐述了施招用势"准、稳、度"的内容，下面再谈"跟"的方法问题。拳诀云："打手要跟，不跟则不济。"是说施招用势招招相连，势势相随，如长河滔滔不绝，上手就是下手的预备势，不另预备。跟法乃施招用势的根本方法之一，然攻防的施招用势能招招变换，势势相连，滔滔不绝，关键在于远近相宜。即远有远法，近有近法，远近皆能施展招式，方能体现跟、随的精髓妙义。

跟，乃跟其步法身式而进退自如，变化随意，与其不即不离，以听探其虚实。

随，乃随对手之械具之刚柔迟速、奇正横斜、高低撤伏之式。急则急应，缓则缓随，此亦是"以柔用刚"的取胜之法。

跃，解乱防危、应对猝变之良法。"跃"字之妙，在于乱敌当前，跃出圈外，不对群敌，可将众敌中当前者战胜之；或突处危险之境，跃而飞出，暂保自身，再与之战。能明"跃"字之用者，乃精明攻防之道者。能审机度势，故能不处危乱之中，此亦先为不可胜，然后谋之的良法。

伏，乃潜伏待动之机势。前文猫伏，多言外形之象。此则讲"劲形反蓄""阴阳逆从"，乃内气、外形匹配如一的具体方法。经文所言"以动静互为其根，阴阳迭神其用"，就是"伏机之制"的论述。伏机乃以引法为当，彼落入此伏机之内，则可制胜。"伏"字非单指外形而言，更兼内外伏机之制，能知此义而用之，便为攻防制胜之上手。

诈，乃据对手的喜、怒、忧、思、悲、恐、惊七情之喜畏，相机示形于彼，以假乱真，使其无所措手足而背。兵者，诈也。拳通兵，兵不厌诈，手战之道亦不厌诈。诈术之内容，皆不出孙子所论"用而示之不用，近而示之远，远而示之近。利而诱之，乱而取之，实而备之，强而避之，忽而挠之，卑而骄之，佚而劳之，亲而离之。攻其无备，出其不意"等内容，可详细琢磨之。

提防，提神布控，加强防护措施，未交手时如是，交上手后亦如是。此乃"防患于未然"的治未乱思想在传统手战之道中的具体应用。

"指南篇"对全篇内容做了精炼的总结，点明了重点。后人应逐字理解、领会，直至运用精熟。

剑法髓言

剑法分力，莫高莫低，过低则无力，过高则迂迟。彼高我拦，彼低我提；不高不低，拿手最宜。

阐释

此乃剑法精髓之言，法不同则力道劲势不同。故曰：剑法分力。这里的"分力"，是指分别用力之法，即彼高我拦，彼低我提；不高不低，拿手最宜。拦者，外者为拦，尖上把下。提者，尖下把上。如以手法而言，拦者手上肘下，提者手下肘上。不高不低的中平式，拿法最宜，即以剑腰的推贴沾粘，是谓之拿。如以手法而论，亦是沾粘法的拿。可知剑法、手法，同意同理。

十二连城法

圈拿、拦提、搅拭、穿绷、功按、飞檐、跳涧、钩点、问献、左闪右闪、拖贴围转、叶里偷花人罕见，侧身斜飞左右揭，何畏他人剑乱颤。

阐释

"十二连城法"有具体攻防招式的交互变化运用，乃守固如城，壁垒森严之意。既是攻人之法，又可为防守之用，用时十二法相互变化。"十二连城法"是约简之言，在每法之中又有具体的攻防招式，分述于下。

圈拿：圈法和拿法的相互配合。圈者何？亦如拳法中单鞭手防手的下勾动作，谓之圈拦手。可知环绕而能控制对手的方法名圈拿。圈拿法有由上入下和由下入上两种环绕入手法，以成控制之势。亦有左入右圈和右入左圈之分别。此皆谓圈拿。

拦提：手上肘下外开势为拦，手下肘上外开势为提。故知拦提乃两种入手法式，是应接对手上下攻击的连续防守方法，故拦提并论。

搅拭：搅者，绞也。如黄龙三搅水，可与对手手臂或兵器相搅，乱其节奏，乘隙而进。有里搅、外搅之分。不管里搅、外搅，皆可从对手里、外、上、下、中门而入攻击对手，是接应变化及入手进门的破门方法。拭者，掠也。劲势为"擦"势，是入手进击之法。搅法乱其节奏，乘隙以拭法进击，如谚云"凤凰浪翅乾坤少，掠膝连肩劈两旁""中直八刚十二柔，上剃下滚分左右，打杀高低左右接，手动足进参互进"。此中掠法、剃法皆为拭法之描述，故知搅拭乃即防即进之方法。

穿绷：穿者，属穿骨法。敌自上路来，吾极力一伸向前穿之，彼之劲自破。因穿法之中有绷劲，即在抻筋拔骨之穿法中，将绳拉直，绳中间猛然弹起的横向之劲势。故穿绷为一法中之两势，一法两用自在其中。绷拳之穿，乃身中天地骨之横和身弓同时发出的绷劲之势，产生了穿绷的效果。穿绷乃直中拉伸之绷，是以绷劲之势破敌之击，以穿击之法击敌之上部，乃顾打同时之法。

功按：按者，由上向下按住之方法。而按在腰攻。腰攻及按劲，需要一定的功力，是攻防用劲技巧的功夫，简名功力，非力量之大小也。有功夫之按法，可按定对手之根，以腰攻之，彼必跌翻。此法乃功按之精义。按在拇指。拳法兵器，皆如此也。大拇指乃按指，土性敦厚，故按劲浑厚沉实，以此为功，故联名曰功按。

飞檐：还绕反跳之法也，即曲中求直之法，名为飞檐。拳招名"燕子穿梁"。古人常说的"飞檐走壁"，"飞檐"已解释了，何谓"走壁"呢？拳法中以左手承接对方的手臂头门手腕，复交于自己的右手控制对方的肘部，再以左手击其面部。在这个过程中，自己的两只手犹如在对方的手臂上行走一般，故曰"走壁"。与飞檐的燕子穿梁之环绕手法结合，就成为飞檐走壁了。

跳涧：腾挪之法。飞檐为避免碰撞的环绕腾挪法，是上下之势。跳涧亦为避免碰撞的环绕腾挪法，是左右腾挪的起落势。此皆为曲化直发的曲中求直法式。

钩点：钩者，回手如钩之钩也；点者，点击破解之法也。钩点皆为破门而入之法式。拳中自有"手勾、肘勾、脚勾"的三勾之法。而点法适应范围广泛，可谓无势不可用点法破之。而此点法，只用于过门之点。故钩点合用自成破门而入之法。然钩法、点法，又可作为破敌之势、击敌之法而用，故不能单纯以破势入门之法待之。钩法可跌摔人，点击如钉钉之击打，都可为制胜之法式。

问献：问者，试敌应手之法，又名"引手""虚惊"之法，乃问彼虚实之法。献者，现出之义，又有现底之义。问献之献，乃让对手现出虚实之底。揭献之献，乃攻击对手而对手落败之象。同一献字，在本经中有两种用法。问献之献，是对己而言；揭献之献，乃对敌而论。两义自有分别，故不可混之。

左闪右闪：身法也，闪法也。凡防守之招式皆闪法之用也。闪法，避实之上法。具体而言，有手法、身法、步法及各部位之闪法，故有"八切闪"之说。此乃弱能胜强之妙法，贯彻善战者不争的策略。诀云："偏闪空费拔山力，乘虚而入好用机。"是闪法至用之妙处。但施闪法之时，应持"让，中不让"原则才得闪法之精髓妙义。取近打远巧妙尔，即左闪右进、右闪左进，方可实现"闪即打、打即闪"，胜敌在瞬间。

拖贴围转：拖者，缠绵之法也，沾连之义尔。贴者，不攘人之力的粘随之法。不离敌，亦不使之离去尔。敷者为尚，细腻蕴贴，敌不能知我，我独知敌矣！围转者，不远敌也。敌亦不能远去也。此种精义，全在一转字，圆转如轮，圈敌之法。虽曰圈敌，然敌时刻又在我之圈外，故敌不能击我，而我随时随处可击敌尔。故拖贴围转四法连施，乃圈敌与敌纠缠，寻隙破敌之法。然圈敌之法，又不单纯以拖贴围转为法，其中又有上述诸法掺互为用，方见其妙。如以拳法论之，乃"沾连粘随不丢顶"之法，但要与步法的贴步闪合用，方可达到拖贴围转圈敌击之的目的。

叶里偷花人罕见：此乃拖贴围转的"明招暗手"之法。诀云"出手不见手，见手不为能"。明招为叶，暗手为花。上述诸法皆可为明招之叶，又可为暗手之花，即皆可化敌之攻势与敌周旋，又可攻敌制胜。此正所谓"运用之妙，存乎一心"。此句又显现出"拳花一片，真打一线"之妙趣。

侧身斜飞左右揭：揭者，顺其力以变截也。截者，随其起落领而挫之。可知揭者，乃逆力之打法。虽有叶里偷花的明招暗手，也要有侧身斜飞的左右揭献、借力打人之方法。

何畏他人剑乱颤：身备上述"十二连城法"的功夫，胸有成竹，法法精纯。守则固若金汤，攻则无坚不摧，全在顺势进退和逆力以为揭献的借力打人中体现。此正是会家不忙之精义。

正如本经所言，"胜在一时，三年功夫"。平时将十二连城法演练精熟，得心应手，明白顺从以为进退，逆力以为揭献的"顺逆"之法，哪还怕对手的强劲呢？真乃一语道破天机。此十二连城法，应与十二形的具体攻防招式区别开来。

剑法捷诀

剑器最短，易于挪转。剑有头、腰、脚、眼之别，头要不直不屈，腰要用力，脚要灵稳，眼要便利，随得高就得低，伸非伸屈非屈。摇者，头之力，摆者，自头撇腰之力，生生相应也。揭拖贴，腰与头之力。按绷切，腰脚之力。钩点问献，头脚之力。相应而动，能随机应变者，剑眼之力也。

阐释

捷诀，直截了当之诀窍，从简从捷而立论。

首言"剑器最短，易于挪转"，是说剑属短兵器，故易于挪转变化。剑属弱兵器，故以用巧制胜为法则。

剑有头、腰、脚、眼之别，故有剑器的头、腰、脚、眼的用法之别。剑器之头在剑尖，剑器之腰在剑身中间三分之一范围内，剑器之根在护手处。故剑器有三节两面的六合之妙。剑身为剑眼，剑尖至护手的中线为剑器中心。剑之头、腰、脚、眼与身法的头、腰、脚、眼皆有关联，头乃诸阳之首，全身领气之所，是天才部位；腰乃一身上下之枢纽，是人才部位；脚乃一身之根柢，动变之源头，是地才部位。眼乃心之窗，眼亮心明，又神之窗也。此剑器和身法的头、腰、脚、眼通用的论述，只有如此领会，才能身剑如一得心应手而至用，此乃从剑的用法立论的。

头，乃诸阳之首，为一身之统领。故头要不僵直硬挺，不歪斜低缩，自然中正安舒，头正则一身自正。

腰，乃一身上下左右动变之枢机，有刚、柔之两用，能主宰一身上下左右攻防之变化。腰为一身弓之把位，主攻击发势助威之用，没有腰的柔化枢机作用，则柔化不敏，刚发不捷。

脚，乃一身之根节，根节要沉稳坚固，可助一身攻击之势而威生。劲从足下起，传于腿，腾于腹肋，运化于胸，发于背，过肩肘而达腕指。可有前后之"牮柱"以用之，又可解敌之攻势，双脚虚实转换，乃柔化避实击虚之关键。故脚的变化要灵，成势要稳。

眼，乃听探的审敌料势、审机度势之官，有察微知变之能。眼神要快而敏捷，捕捉信息要准确，方使自身能随高就低而变化。

有此头、腰、脚、眼四法功夫在身，还要保证"伸非伸，屈非屈"的蓄势状态方能施展一切攻防变化，应敌猝变而无误。

摇者，头之力。拳诀云："风摆合叶步，身动根不摇。"摇，即晃也。有左右摇、前后摇、直线摇、曲线摇，然摇法是头之力带动上身之晃动。尚有定步、活步、跟步之摇法，皆头领动之晃，谓之摇。

摆者，自头撤腰之力。摆者，同摇、晃，但与摇法有别。摆者乃头撤腰之力，即用头撤腰之动的力，而成晃动之势。然摇摆之法，多相混用。而此经文将摇、摆分为二法，其区别细微，明此则练法精矣！

揭拖贴，腰与头之力。施用揭法、拖法、推法、贴法，乃腰与头之力。

按绷切，腰脚之力。按乃大拇指之力，绷乃腰之力，切乃腰脚之力。

钩点问献，头脚之力。勾法、点击、问献，乃根梢节之力。细分时，用于攻击梢节发，用于虚惊根节力，梢节易变。

然上述所用之"力"字，应从"劲"解之。用力即是用意，乃本经的自然之力的意思。因其以神为体用，故知为纯自然之力尔，即今之所谓的劲意之处也。

相应而动，能随机应变者，剑眼之力也。剑眼之力，乃剑器上的"听探"功夫。只有剑器上具备听探的良知，方有顺化的良能，即相机而动之能力。此乃申明以听探用顺化的"以静用动"之基本法则。

上述阐释，以拳法为主，故从身法中的头、腰、脚、眼而论之，凡诸兵器皆有头、腰、脚、眼之论述。此乃通明兵器练用之捷法。

剑要窍精言

剑有十三随，其端可历举。腰随背，背随项，项随首；首随肩，肩随肘，肘随腕；两腕随两掌，两掌随十指尖，指尖随十指足尖；足随胫，胫随两膝，膝随股，股随臀。如此相随，乃为身随，一唱百和，非二力所能致，气贯周身，自不期然而然矣。

阐释

此乃剑法精髓之言。剑有十三随的说法，乃自身三才九节一气贯串、顺随变化的方法。

人身以天、地、人三才立论，头为天才、腰为人才、足为地才。

上身：腰为地才，颈为人才，头为天才。

上肢：肩为地才，肘为人才，手为天才。

掌：掌为地才，指为人才，尖为天才；足与之同。

下肢：胯为地才，膝为人才，足为天才。实足从人身论为地才；虚足以下肢论为天才。

顺发者，梢节领，中节随，根节催。

逆收者，梢节领，中节随，根节回。

由根向梢节，由中向外者为顺。

由梢向根节，由外向中者为逆。

顺逆两势之运动，皆为梢节领动。故顺发时，中节不逆梢节，根节不逆中节；逆收时，中节亦不逆梢节，根节亦不逆中节。一身的顺发、逆收的动变之势，皆呈现的是顺而不逆之景象。故独以随而论之，方有此"十三随"之说。

《九要论》曰："若合而言之，则上自头顶，下至足底，四肢百骸，总为一节，夫何三节之有哉！"既言一身为一节，就非二力所能致之。一身之十三随乃周身一气贯串之谓矣。故一气贯串，则百体随和之，十三节能随之即在此也。一唱者，内气也；百和者，四肢百骸也，即内外一贯之义也。此即传统手战之道"意气君来骨肉臣"内主外从的意思。正所谓"拳有万法皆是假，惟有顺随一法真"的体用之妙义。

此论以身形部位言随之法，而根本却在内气一以贯之。自是内气、外形匹配合一之主从体用的论述。能于此，则以听探之良知，运用顺化之良能，固能随机应变，达不期然而然之艺境，不期至而至之妙用了。

浑元剑经内篇

87

三直六揭

剑有三直，无论身式高低，皆以首直、式直、剑直为妙，方不受害于人。揭肩与肘、腕、指、喉、羞，乃六揭之法，其妙速于电掣也。

阐释

此处有"三直"之论。直者，同中轴，而又同正。三直乃三轴、三正之义。拳谚有云："要想拳法好，三正里边找。"心正则形正，气正则势正，头正则身正。正身首要正心，心不正则形自不正，心正则规矩出。万物无不归中而正，得中而直。可知剑直、式直、首直，乃自身内外的"中正安舒"之义，即有"立如平准"之势，方有"活似车轮"之用。而三直之论，内含"用中而得中之用"的妙义于其间。

六揭：揭者，顺其力以变截也。截者，顺其起落，领而搓之。揭肩、肘、腕、指、喉、羞，乃六揭之法。由于剑为轻短之兵器，虽然顺从以为进退的四两拨千斤之法随时皆可施之，然揭献之法，却于顺势用招中有六法可用。一曰揭肩，二曰揭肘，三曰揭腕，四曰揭指，五曰揭喉，此五揭皆好理解，因有部位所指，故言之即明。惟羞字难解，何谓"揭羞"？羞者，惭愧而自觉无颜面。此处借用，乃运用揭法造成对手动变不得，尴尬难看，故谓之羞。此揭羞之法，落点施用处之多，不胜枚数，故以羞字统而代之。然专而论之，乃指下阴部位也。其在"练招解"围字条目中有"进攻当封目损羞，退走当从高低两路走可也"一句，可证之。

以此三直、六揭与人较技，施招用势其疾妙速于电掣也。此言之义，妙在"处内制外、以近制远"尔，随时随处就近而能施之。而能用三直六揭，就在十二连城法之中。诸法之中皆具备三直之义、六揭之法，非另有法尔。

双吃

双吃者，左右点腕也。夫直者，直耸；揭者，顺其力以变截也；吃者，推贴、缠绵、拉、按之力。推贴，剑腰之力；缠绵，剑于手掌、腕、肘、肩身相应之力；拉者，四中小指之力；按者，大指独按之力；拉按者，大指与后四指，上提下推相合之力。合而言之，气到心随，百体从役，熟妙难言。明此，可谓入门矣。

妙入神剑，剑轻若风，急如电发，摇摇足登。晴空云里站，何畏千万兵。一剑横挥去，四海云烟散。

阐释

吃者，攻防方法之效用。双吃有两方面含义，即一点连两击，或内含两种攻防法而成一法，亦谓之双吃。如"左右点腕"一句，乃一点连击左右两腕。一点者，谓之吃，连击左右两腕谓之双吃。夫直者，一也，直而耸，乃直中又含有高耸陡峭之意，谓之双；揭者，一法也，顺其力，以变逆搓之截，此亦谓之双。直、揭二法，皆一法两势之用，亦谓之双吃之法。

吃者，推贴、缠绵、拉、按之力。吃者为一法，推贴、缠绵中含二法，亦谓之双吃。然从力势解之，推贴，两法也，其用剑腰之力，腰之力乃一也，乃寄奇于偶内之法也。缠绵，剑与手掌、腕、肘、肩身相应之力，亦谓之双吃。拉者，无名指、中指、小指，亦谓之双吃。按者，大指独按之力，亦用腰攻，也是双吃。拉按者，本是两法合一而用，又大指之按与后四指，上提下推相合之力，故亦为双吃之法式。

故各种双吃如一法两击、两法合一、两劲力合一，合而言之，皆是"气到心随""百体从役"之内外合一之法。简言之，皆是神、气、形三合一所完成的。双吃者，伏机之法也。不攖人之力的攻守同一的"内靠外吃""外靠内吃"，亦是双吃法式的内容。

故以此为习，演练至久，则妙入神剑之境，剑轻若风，疾如电发，足登飘飘。气体透空，无一尘杂气掺入其中。似晴空云里站，以自然之神为体用，何畏千万兵？一剑横挥去，四海云烟散。此即"精足则战耐久，气充则呼吸细，神静而圆融，变化莫测"。故此时可谓"身完天下无敌手，剑完四海少敌兵"，自能超凡而入圣境。

要诀

艺高不宜胆大，吐语岂可凌人？即能强伊百倍，再求入妙入神。神足胆欲大，心平气欲和。

紧中急，急中猝；勿迟延，勿少燥；来无影，去无踪，一团清风倏忽。舒以长其筋，缓以蓄其力，迟以运其神，含以招其妙，活以猝其式，短以应其变，长以发其威。

不惊不惧要留神，平其气分和其心。一声骇得他人动，便是乘机致胜门。

阐释

艺高不宜胆大妄为，妄为必有失，谈武论道不可盛气凌人。

90

此两点乃修为的戒条中事，故必戒之。

即使功夫能强人百倍，亦知功夫无止境，应再求入妙入神。含者为妙，玄者为神，即指"浑之体"之修，"浑元"元玄之用。乃有不期而至之神机，不虑而得之法式，不思而至之妙招，不演而当之法力。得之者，是为入妙入神。体为妙，用为神。神足则自然胆大威生，心平则气和，"养气忘言守，降心为不为"。

心平无欲，惟道适从，依势而行，真气自生，必得中和之气。此中和之气，不偏不倚，无过不及，乃至中至正之气尔。只有具备此至中至正之气，则神自足，威自生，胆自大。此胆大能为乃在神明见微知著的基础上的表现，是功夫。非妄为可比矣！

双方较斗是非常激烈紧张的。在激烈争斗中，经常会出现急招快打的情况，诸如"紧中急""急中猝"等情况。此时务必心平气和，神足胆大，急则急应，缓则缓随，敌变我变，寻隙乘机用势而制胜。千万不要急躁，也不要应变迟缓。此即"勿迟延，勿少燥"之精义。

心平气和，神明胆大，妙入神境，体轻若风，身手敏捷，即在激烈紧张的急招快打、突然变化之中，既无迟延，也无急躁，坦然相对。迎招化解来击不见其影，出手攻击不见其踪迹，犹如一团清风忽然而来，忽然而去，戏敌于扑朔迷离之中而稳操胜券。只有按以下所论的七条修炼，方能自然而成。

舒以长其筋：中正安舒，展放其筋骨，则筋长力纯而脱拙换灵，此正是肌肤骨节处处开张之精义。外形通灵善变无形又无穷，也是练拳始练形之精义。形舒气畅，谚云："筋长力大。"而此力，乃灵通变化之能力。现时所言之柔若无骨、骨响齐鸣等，皆舒以长其筋之精义的论述，即外练筋骨皮，三者浑化如一之精义。

缓以蓄其力：缓者，和缓之义。蓄其力，蓄其劲也。古有云力者，乃气力之义，非肌肉爆发力之力。气力、力气自有本质上的区别。修炼时，只有平时蓄劲势之收发，舒卷自如，方有用时一触即发之效用。初修由无到有，继修从有化无，只有从有化无，方为真艺境。

迟以运其神：有了上述的功夫基础，则可续修"涵神于至灵之处"以得灵神的功夫。此功夫是在内气、外形的功夫纯熟以后修出的真功夫，故曰"迟以运其神"。如开始求运其神，则有欲速则不达之弊端。此"迟"字，乃指修神明艺境在较后时期出现，故曰迟。《神运经》亦宗此说而论之。攻防至用，外形要舒展，内气要和缓，运其神之时要"不先物为"，是为迟；"因物之所为"其神，是为运。此乃运用灵神之妙处。只有如此运其神，才能一身不妄动妄为。

含以招其妙：含者，含有、含蓄。在"浑元小解"中，有"夫浑者含也，元者玄也"之语。其中有"法含式、式含招、招含力、力含身、身含步"等"十二含"的内容，前面又有"十三随"的论述。综合观之，即是含蓄而随式变招的宗旨，方显示出攻防招法"人不知我，我独知人"的妙境，这也是经文所讲的"来无影，去无踪，一团清风倏忽"的艺境。所谓妙字，就是处处用空，妙手连出顺随为法，攻防招式的用法含蓄在用空之境界中。

活以猝其式：活，包括外形、内气、神明三个方面。外形灵便，意气换得灵，神以知来，智以藏往。活则能应对突然的变化，急则急应，缓则缓随，随其势而变招换式，乃一个字——活。即前面所论八形的龙神之变化，鱼跳之自然，蝶舞之蹁跹，猿跃之灵稳，鹿奔之迅速等。活要灵稳方见真功夫，即灵活要有界限，分寸恰到好处，方见活之魂。

短以应其变：此处之短，即直线的发射距离要短，旋转的半径要短。这样以短的方法，应对他人的攻防变化，快就在其中了。关键是以近制远的方法。近者，短也。远者，长也。此乃传统手战之道中的长短论。

长以发其威：此处之长，乃劲势悠长之长。人身劲道，有长有短。长者，由左右足至右左手；短者，由背肩到手肘。二者乃身内劲道之长短。长者威力猛而大，短者相对威力弱而小。如以作用在对手身上来论，作用时间长，则威力强大而猛烈；作用时间短，则威力弱小而无势。此两论劲势之用的长与短，可知"长以发其威"之妙义。

以下四句歌诀"不惊不惧要留神，平其气兮和其心。一声骇得他人动，便是乘机制胜门"是此要诀的全面总结。不惊不惧要留神，不惊不惧谓之胆大。胆欲大则必须神足，故留神则神足，神足则知来藏往，自然胆大敢为。留神即是知彼知己，内外一贯，虚实相需。平其气兮和其心，正是心平气和的说法。心平则内气中和，即内气达到至中、至正、至和的状态。中者，不偏不倚，无过不及；和者，虚空至灵之境。心平气和则神足，神足则明，乃内外通明如一，内知己、外知彼，故能敌动我知而能应之无差。一声骇得他人动，此乃以哼哈的发声助威之方法。审机度势，应机乘隙而发之，又加发声助威，其效果更佳。吐气开声发劲法，要于平时单独操练精熟，再融于各种具体的攻防招法中操练精熟，做到即时而发、准确无误，就可备而用之了。便是乘机制胜门，只有明白了上述七法和三句诀窍的练用之精髓，运用又精熟纯粹，才能取得动手较技随时随处乘隙用机而制胜的门道，舍此别无良法。

秘钥

一

一志凝精眼未呆，横斜进退认从来。

辨清虚实心能定，识透弯环路不乖。

缓急自然难上当，屈伸灵稳莫疑猜。

随机应变熟而已，神化无方妙矣哉!

二

先将要诀记分明，手眼身形式在清。

大小枢机随运用，高低正覆有权衡。

阐释

秘钥者，打开传统手战之道各层功夫艺境之门的钥匙。此两首歌诀的十二句诀言，句句真实不虚。下面分句阐释其精义。

一志凝精眼未呆：志者，肾之神也。古云：心之所向，谓之志。心之所动，谓之意。心之所藏，谓之神。志者，又气之帅也。此气乃真元之气，简称真气、元气。经修炼而成至中至正至和之气，称为中气。而此真气，乃心中一阴之精，肾中一阳之精，阴阳和合而化之炁。此即凝精之义，亦即传统说法中炼精化气之本义。

一志者之一字，乃古练家所言的守一之法。一志者，不二也，始终也。以一气贯串一形而为一者也。

心气沉丹田，一志而不二。阴精、阳精合二而一气生，必有"返观内视"，谓之"眼未呆"。眼乃神之窗，神可内察体内种种景象之变化，外察种种物形之变化。

由上论述可知，修炼强调内主外从，故"炼精化气"乃一切功法的根本。而炼气首要在于存神。

横斜进退认从来：此即"攻防进退横竖找"的深刻说法。"认从来"三字，即设问一切攻防招法的进退、横竖变化之用，从何处生化而来？答曰，从两个方面化生而来。一个是顺随对手攻防招法的进退横竖变化，一个是顺随为法的"内外主客观条件的统一"。"以静用动""有无相生"，顺化中听探，听探中顺化，攻防招法的各种变化无不如此。知此"认从来"之精义，便知去所，胜人之机即在此中。

辨清虚实心能定：手战之道的虚实有体、用之别。内气诚实，外形虚柔，柔外刚中匹配如一，故心定能处"内实外虚"之境而不乱。心不乱则静定，静定灵稳方能至用。此段乃传统手战之道中的虚实之用的精辟论述。

识透弯环路不乖：弯环者，曲化也，即弧线走化。诀云"枢得环中，应变无穷"，知此，则可谓"识透弯环"了。乖，背离之意。不乖，即与人较技时，攻防进退横竖找的方向不会出错。

缓急自然难上当：此句谈"施招用手，施手用招"的基本法则之一。"动急则急应，动缓则缓随，随曲就伸，无过不及"。但必"人刚我柔谓之走，我顺人背谓之粘"。这样人不知我，我独知人，自然难上当了。

屈伸灵稳莫疑猜：屈伸者，即随屈就伸，随伸就屈。灵稳者，不丢不顶，不扁不抗，无过不及。灵稳者恰到好处，丝毫无差。只有意气换得灵，听探得清楚明白，气形方能即时到位。对此化打合一随曲就伸的方法莫要猜疑，惟此是正确的方法。

随机应变熟而已：上述曲中求直、曲化直发方法的随机应用与正确实施，关键在于熟练。纯熟即用时不犯思误，有感而应，应物自然，应无不当。

神化无方妙矣哉：此句总结前七句，即言达到神化的艺境，方见手战之道的精纯至妙境界。《太极下乘武事解》："内要含蓄坚刚而不外施，终柔软而迎敌，以柔软而应坚刚，使坚刚尽化无有矣！神而明之，化境极矣！"以此论作此句之解，至妙！

先将要诀记分明：要达化境之极，先要将要诀、密钥分辨明确记清楚，然后循序渐进苦修。

手眼身形式在清：即对每招每式的手眼身法步、肩肘腕胯膝的内在章法，外在形式及来龙去脉要体认清楚，全体大用要烂熟于心。

大小枢机随运用：即全身内外的攻防机体的大小枢机，层层练透。简言之：神、意、气、劲、形、中六合一统的攻防机体及各层各处的枢机，是随机应变而运用的。

高低正覆有权衡：权者，权衡轻沉利弊之功能；衡者，动变平衡不失之功能。一切攻防招法的实施，高低、正覆的变化之用在权，而不失却在于衡。权与衡是自身主客观统一的存在。

此密钥歌诀，暗中阐明了绳、准、规、矩的内容。此权、衡之说，乃在最后一句言明。

浑元小解

夫浑者含也，元者玄也。其中有法含式、式含招、招含力、力含身、身含步、步含地、手含剑、剑含胁、胁含肩、肩含肘、肘含腕、腕含手之妙，非浑而何？身、手、法、眼、步、式、招、足、胫、膝、胯、肋、肩、胸、背、掌、指，皆各有其玄，玄玄相应，生之无穷，非元而何？约之浑元之说，乃有不期而至之神机、不虑而得之法式、不思而至之妙招、不演而当之法力。手手虚实相兼，步步奇偶相济；高低、前后、左右、上下，随心而往，有非人力所能致者也。

阐释

浑者，浑然一体之谓也，此乃言其大。然在浑然一体之中，又有含之细节，此乃含之妙。元者，用也，用乃有无相生，相互为用，此乃玄之巧。玄玄相应，生之无穷，元之巧也。

浑之体的"含"包括：

法含式：顺从以为进退，逆力以为揭献，乃四两拨千斤，借力打人之两种方法。而在施用此两种方法中却包含着各种攻防姿势的招式。换言之，各种攻防招法姿势的至用，不出四两拨千斤和借力打人两法。此乃法含式之精义。

式含招：式者，各种攻防招法的姿势。招者，各种攻防姿势的计策、手段。式含招，因一式可有多招之用。

招含力：力者，劲势也，招乃策略胜敌之手段，必然落实在劲力作用的效果上。劲力作用效果好，才见招的运用之巧。

力含身：力者，内劲也，此乃"意气君来骨肉臣"的精义。

身含步：步乃载身之舟车，一身之根基。但步必从身之安危而言动静变化，故曰身含步。此乃明身与步的主从关系。

步含地：足之落地，敷地而能行，乃利用足与大地的反作用力。步乃人之主动，地乃客观条件，故地与步之关系，步之运用在人，人为主，故曰步含地。

手含剑：剑之所用，小处见于手中拇指与四指的变化，故曰手含剑。剑法好坏，在手内之变化，是手含剑之精义。

剑含胁：握剑在手，剑身一体，剑法所体现的是内气腾挪的好坏。而内气腾挪的关键在于胁部，胁乃内气腾挪的枢纽部位。

胁含肩：内气腾挪于胁，然发于背过肩。此乃传递关系的一气贯串之理法，故曰胁含肩。

肩含肘：肩为根节，肘为中节，故曰肩含肘。下面肘含腕，腕含手，皆如是理法。

从十二含中，可以基本明了，（剑法）手法、身法、步法三法合一至用的内容。此即"内气、外形，虚实相需，内外一以贯之"之理法，用"含"字解明外形浑然一体之妙处。明此，乃得"入妙"之体用！

再看元之用玄之义：元者，三才总会之地，三才者，神、气、形。玄者，有化无，无生有，有无同出谓之玄。然自身的身、手、法、眼、步、式、招、足、胫、膝、胯、胁、肩、胸、背、掌、指皆各有其玄，即皆存在有化无、无生有的变化现象。这样，攻防招法变化之用，皆由自身各部位的有无相生、玄玄相应递进生化而成。故能生生不已，变化无穷。

综观浑者之含，元者之玄，乃"万化生乎身"之精义也。此又是"浑元小解"之精义。

总结浑元之体、用，可知四点：不期而至之神机、不虑而得之法式、不思而至之妙招、不演而当之法力。释之如下。

不期而至之神机：乃言浑化归一之体，具有虚实相须，内外一贯，玄玄相应，生生不已，变化无穷的自动化之攻防机制。

不虑而得之法式：顺随为法，依势而行，以柔用刚，粘走相生，化打合一，有感遂通，应变无差。此乃不用思虑，而以自然之神为体用的法式。

不思而至之妙招：有形若流水，无形如大气。曲化直发，虚实分明，随屈就伸，不自妄动。动急急应，动缓缓随，无过不及，不犯思误，至妙之招法天成。

不演而当之法力：身具神明机制，以自然之神为体用的法式，是自然先天之力，在神为非人力。敌未动，我先知，一目了然，便可应变通权，或从之以为进退，可四两拨千斤，或逆力以为揭献，能借力打人。

手手虚实相兼：施招用手，有虚惊、有实取。虚惊时对手不防，便为实取用之；实取时对手预备严密，则应接之化为虚惊而走化之。虚能实，实能虚，虚虚实实生化自如，乃自身内气、外形虚实相济功夫所成。

步步奇偶相济：上有手法攻防之用，中有身法变化之功，下有步法轻沉单双奇偶变化之巧。瞬间单足承重之状态名"奇"，双足劲势左右腾挪的足之虚实为"偶"。无偶之腾挪的左右足虚实之变化，不能出奇之单足落地开花击人之势，明此则知"步步奇偶相济"之妙。

然手法、身法、步法的势之高低、前进后退、左右腾挪、上下相随等诸法之用，皆随心而往成之。其巧妙至用，有非人力所能致者也。即在神明而为之，非力之所能行也。

详解剑力

剑有分力、毫力、厘力，无尺寸力。缠绵，厘力；拖贴，毫也；钩点问献，分也。

阐释

此乃详细解析剑法力道、用力之法的条目，故曰"详解剑力"。

剑法用劲力之势，有分力、毫力、厘力，无尺寸力。当然，粗浅功夫亦有寸力。

寸、分、毫、厘，乃量度单位。量度单位又加力字，乃以长度控制用力来区别用力之法。

拖贴、推贴，乃进退之法，皆为贴法。拖贴之退，推贴之进，皆用剑腰之力，而要用毫力，毫力又较厘力细微得多。

钩点问献四法，要用分力。此分力要较缠绵的厘力和拖贴的

99

毫力为长。

手战之道，讲求在运劲用力上下功夫，非大劈大砍生打硬撞之流所能明之。剑法如是，拳法亦如是。

所谓的寸劲、分劲、厘劲、毫劲，是以劲势之形态和用力之长度来分，并不以用力大小来论，这一点务要明确。

对寸劲、分劲、厘劲、毫劲的分法，前人又有一定的规矩界限，不可不知。

寸劲：外形动作不过尺，为寸劲。

分劲：外形动作不过寸，为分劲。

厘劲：外形动作不过分，为厘劲。

毫劲：外形动作不过厘，为毫劲。

此乃前人所言："就技击而言，大动不如小动，小动不如不动，不动之动才是生生不已之动。"只有外形动得小，内劲动的威力才大。此正合"辨清虚实心能定"的含义。

此经文言力，乃先天自然之力，非后天筋努骨突聚劲凝形之肌肉爆发力。先天内气为本，后天外形为末。本为主，末为从，毕坤乃明代剑客，深明此道，其又言"练剑始炼气"。故知其所用之"力"字，乃先天自然之力，即气力也，非力气尔。

使手力量

有一摆出三尖之说，腰脚头三合之力，名青龙摆尾，破金鸡乱点头枪法也。

阐释

剑在手中持握，手有拉按的大指之力、后四指之力和大指与后四指的上提下推相合之力。然剑法有一摆出三尖之说法，就非单手能完成的了，要由腰、脚、头三合之力来完成。然此三合之力，却存有自身上下顺逆不同之用法。

一曰：脚腰头内劲顺势而升的摆法。

二曰：自头彻腰之力的摆法。

三曰：以腰催头之摆法。

此三法相继持出，则剑有三尖之变，即一摆之式出三个招法，名曰青龙摆尾式。此一式内藏三尖，即三招，可破枪法的金鸡乱点头之式。一摆而进身，擦枪杆而点对手之手，疾刺对手之喉，一气呵成。此乃得剑法"直行直用是幽元，三尺白雪丈八废"之精髓矣！

歌诀

四海为家天下游，放怀得意到燕州。
传来法式无双妙，练就身形似絮柔。

千载奇缘未易逢，而今传脉获其宗。
循然善诱曾无厌，变化通玄伏虎龙。

阐释

此歌诀本附于"使手力量"一节之后，实乃"内篇"的结尾诗，分为上下两首。作者借诗言志、叙史，又借诗传授功法，点明传统手战之道的精髓。今为阐释之便，单列于此。因对毕坤先生知之甚少，故只能揣度而释之。

四海为家天下游：看来毕坤先生乃闲游之客，淡薄功名利禄之修炼家。其生在元末明初，本是为国建功立业之时，为何身怀绝艺却甘做畅游天下的闲客，此乃一疑也。

放怀得意到燕州：其是否得意？为何放怀？不得知之。然明初燕王建都北京，此时毕坤先生来到燕州，难道就为了将《浑元剑经》流传下来？别无他意？此乃二疑也。

传来法式无双妙：《浑元剑经》的"习武须知、序文、内篇、外篇、剑经结文"等所述剑法的理、法、术、功、形、意、体、用，结构庞大，系统完善，一以贯之。即便在各种武术经谱大量面世的今天，此经仍具有承前启后之地位。

无双妙："无形法身道体"，《阴符经》称之为"奇器"，具有无双之妙用。

练就身形似絮柔：此说外形要如棉絮之柔，当是外形柔若无骨、形体似水流、有形如流水等说法的较早表述。此乃修炼外形功夫之见解，古今大家认识基本相同。

千载奇缘未易逢：此为第二首诗的第一句。修炼手战之道必拜明师而事之，明师必择贤徒而授之。明师、贤徒相聚，乃千古难逢之奇缘。故毕坤先生发此感叹！

而今传脉获其宗：欲想寻徒传宗接代，而今终有贤徒可授，传授绝艺后继有人，喜悦之情难抑而流于笔端。

循然善诱曾无厌：师者，传道、授业、解惑，循序传授，善于诱导，未曾有过厌烦之情绪，此乃大德真师的善教之法。

变化通玄伏虎龙：此句有两个含义。一是内功修炼达到变化通玄之艺境，因自身功法降龙伏虎而得真元之气，再炼气生神，继之炼神还虚的结果。此"伏虎龙"本取古传内功经书《龙虎经》之典故，这合于本经"练剑始炼气"之宗旨。二是修炼传统手战之道能够运用到变化通玄的入妙入神之艺境，就可具有降龙伏虎之才能，即经文所言剪除邪恶，可立济世之功。

以两首诗的结尾综合观之，此正与《太极拳经》中"健顺参半，引进精详"的内气、外形论暗合。此乃以内功法的修炼内气功夫为是。这样，内功修炼内气健运不息，外功修炼外形柔若无骨。静修灵神，再以灵神浑化内气、外形，浑而化一，乃浑之体，故有一而三之元玄妙用，此正合经文的"三一一三"法式宗旨。这样，以此歌诀作为"内篇"的结尾，则前后一理贯串，再精彩超妙不过了。

浑元剑经外篇

题解

"内篇"着重谈内功练法，"外篇"着重谈外功的练用之法。然传统手战之道本练内以济外，练外以合内，始于分练，终于合用。分练者二，合用者一，然用之中亦见一者二、二者一，乃太极阴阳之理法。寄奇于偶内，亦是"二一一二"之理法。传统理法"凡一二之所不能尽者，则约之以三，以见其多，三之所不能尽者，则约之以九，以见其极多"。《素问·三部九候论》中说："天地之至数，始于一，终于九焉。"故在本经中会经常遇到"一而二、二而一""三一一三"之理法，如"九九八十一式说""八九七十二式说""三十六式说"等。此等理法，无不取于《易经》学说。不单是数理方面，就是术理的内容，也是基于《易经》学说的天人合一论而展开来的。因为古代的易、儒、道、医诸家学说是不分家的，故研究传统手战之道就要将诸家学说看作统一的、整体的。这样认识传统手战之道，练、体、用也就能一以贯之了，认知或论说也就能周全了。

初基等级详序

题解

此"初基等级详序"，对初步功夫的修炼及二步至十步的功夫做了详细的介绍。十步功夫修成，也就是功德圆满之时。下面详细阐释正文内容。

夫涵神、养气、固精，本也。按式单演练习，协和百骸。本立而后，百灵效命，始能御猝防变。按式，体也，单演随变致着

（招），用也，末也。此之谓本末互生，体用兼备也。涵养固基为之初功。至若背向、屈直、高低、斜正、左右、前后、上中下，乃紫霄形化二十八式中变化之妙，为次功也。再三十六宫剑母，前十二奇中奇，中十二正中正，后十二分左六门奇、右六门正，乃剑母荫化之源，三步功也。始必寻乎规矩，终当超乎规矩。后再静养九日，步飞罡三百六十五日。每夜子时，持一点天清之咒，用左剑诀插腰中，踏罡完，饮五雷电符，吸真罡气三口，以外合内，静坐一时，再随意挥舞。如此年余，活灵异众，四步功也。再择一性善知己、毫无忌心者，同伊日较。每件兵器，要逐件精比无遗，为五步功也。件件入妙，力非朝夕，到则内外功纯、百灵司职，步穿似箭如电，浮脂化完，阴消阳长，日夜可免大寐，只有小憩而已。三宝坚凝，此六步功也。再静百五十日，皮肉无少缺欠之处，力亦无边，再随演式子，随上杉木操，为此功五十五日，七步功也。此后再上镸操，四十九日，八步功也。每操前，必先吸罡气三口，以外合内，运遍周身。操完以后，再开用双手，引、按、搓、提、运、抖、转、定八法，活血顺气，引神以和皮肉，去燥火为沐浴周身，此九步功也。再将刺猿、飞仙二剑，静习百五十日，再静息三十六日，则十步功圆满也。可为身剑皆完，而道法几乎悉备，诚非儿戏之功，力能造于斯也。

夫涵神、养气、固精，本也

阐释

人本"心物一元"，即神、气、形三位一体之存在。前贤谓："精、气、神，内三宝也；筋、骨、皮，外三宝也。"内功修炼精、气、神，乃立本之功夫。

固精：乃阴精、阳精交合一处，是名"根固"。常说的气沉丹田，乃固精之法。诀云："上下凝乎中，中气甚坚硬。"即心中一阴，肾中一阳，凝乎丹田中，甚坚硬。固精，亦名"筑基"。

养气：固精之后的事，即阴精、阳精交合一处，化生一气，此即炼精化气。炼精化气以后就是"养气"了。养的内容有少消耗、开慧增智、复灵性等系列内容。这要从生活起居、饮食、情绪全方位考虑，方可周全。

涵神：固精之时，气依神，神息丹田中则气伏，此谓之"伏炼"，古亦称"服食"。伏炼之有时，则出现丹田中的升降呼吸，涨渺呼吸的现象，是名"胎息"。这是真气呼吸的内运动，即所谓炼气化神。涵神的最终内容，即炼神还虚。而此"还虚"的内容有两个方面：一曰内神通，则神还虚空之体内，乃全体透空的太极虚灵妙境；二曰外神通，则神合于无，乃全身无形无象的无极道境，与太虚同体，显真人之身。

因固精、养气、涵神乃自身修炼之根本，故曰"立本"或"本立"。此乃修炼传统手战之道的入手之法。

按式单演练习，协和百骸

阐释

按式单演练习有两方面内容：一曰内功修炼的固精、养气、涵神；二曰外功十二式桩功及三十六式剑法。内外修炼，目的是协调百骸和顺。正所谓形顺气畅，协调一致。

本立而后，百灵效命，始能御猝防变

阐释

本立，有两方面内容：一曰固精、养气、涵神，乃一身之本立也；二曰按式演练，乃技击攻防之本立也。内外之本立，则百骸通灵，各司其职，尽其能而效命当时，即听探之良知，顺化之良能达到最佳状态。这才是能于技击搏斗时御猝防变的开始。

按式，体也，单演随变致着（招），用也，末也。此之谓本末互生，体用兼备也

阐释

按式操练演化，以求神、气、形三合一的"浑之体"也。单式拆解演化随变而致招法之用，有道体方能运用。道体者，本也；至用者，末也。此之谓"本末互生、体用兼备"之修。前贤云："拳者，以道为体，以器为用。"圣人云："形而上者谓之道，形而下者谓之器。"道体不可见，器之可见。由此亦可理解"拳者道也，技击乃末技"的精义了。

涵养固基为之初功

阐释

此乃总结第一段的建体之基、技击之基，即以涵养为主的固基为初步功夫。目的是百体协和，形顺气畅，百灵效命。

至若背向、屈直、高低、斜正、左右、前后、上中下、乃紫霄形化二十八式中变化之妙，为次功也

阐释

涵养固基初功修毕，即要进入第二步功夫修炼了。第二步功夫内容以身法、手法、步法三法合一的完善为主要内容，具体内容如下。

背向：即背敌一面和向敌一面的处理及转化方法要领。向敌一面要空而有锋，背敌一面要坚实而丰，此即"前空后丰""前散后趋"顺势。如果出现自己不得力背势时，要知道如何转化成顺势向敌。

屈直：不言屈伸，而言屈直，除有自身各处的屈伸内容外，还有建中立轴之内容。屈则缩作一球，直则抻筋拔骨鞭直展舒。只有外形柔若无骨，内气健运不息、虚实相应、内外一贯，才能屈则劲化于无形而无坚不摧，直则鞭直坚刚、克敌制胜。此正是"柔行气、刚落点"的屈直之至用的精义。屈伸转化始终不能无中枢控制。中枢有大小之别，故"秘钥"歌诀中有"大小枢机随运用"的说法。从大处讲，一身之"枢"，百会至会阴，乃竖轴；左右之"中"，两胯尖相连，乃横轴；前后折叠之"中"，肚脐至后腰命门，乃顺轴；左右侧弯之"中"，竖横顺轴相交之处，乃天枢。凡此中枢皆一身动静变化之关键所在。谚云"中土常守""中土不离位"，皆言得中用中之道。正所谓"枢得环中，应变无穷"。

高低：身法有高低之别，自有高低之用。以身而论，打人全凭盖势取，言高身法尔；矮身防人无有隙，说低身法尔；进如虎扑，言其高；退若伏猫，说其低。高之还可高，低之还可低，乃曲蓄有余之法式，无穷至用之妙处。高看头，矮望胸，言高低之看也。进步要低，退步要高，言步法高低运用之法也。上打咽喉下打阴，乃手法高低之运用方法。内气高至百会，身如羽轻；低至会阴，势沉如山。此乃内气高低之一用尔。形开则内劲降低；形合则内劲升高。此乃内劲升降高低与外形开合相互为用之法尔。

斜正：看斜似正，看正似斜，斜正之法，势也。势正形斜，归中则不为斜。势斜形正，归中亦不为斜。势正招圆，中正则不斜，否则形虽正，中不正，亦自为斜。中正安舒则立如平准，自为正。虽中正而不安舒，自有牵扯吊挂游离之处，为斜不为正，君正臣从自然正。意气为君骨肉臣之意，乃以神为主，以气为充，以形从之，乃大正，虽斜犹正，可调。以形为制，任气用力，以神为从，乃大不正，虽正犹斜，不可调。要调整之，须脱胎换骨，另立主从，自可调之。体、用皆如是。

然施招用手之姿势，自身亦同时有正有斜，故有所谓四正四斜的四正方步、四斜角手的斜正说。遇敌时，无处非正，无处非斜，均须成犄角之势，攻守皆便宜，此乃正己制人之道。与前之所论，合而观之，乃视斜犹正，视正犹斜的完整之精义。

左右：左右攻防变化转换，相互为用、为根而又相互呼应。左重则左虚，右已进；右重则右杳，左已进。进左必进右，进右必进左。退亦然。明己之左右也。此再言左顾右盼，右顾左盼之法。顾盼，皆以"照眼"，即"豹眼环视"法为之。此乃眼功之神眼也。故能审人度势，见微知著。左右呼应，方能奇正相生，接应变换无穷矣。

前后：前进后退也。"前进半步胜人，后退半步不输"。进之能退，退之能进，乃明进退之精义。古有"六进法"之说，自然有"六退法"蕴含其中。又有"前行后跟"之意存焉。退亦如此，后足撤回，前足跟回。故前贤云"进则人所不及知，退则人所莫名速"，乃得前进后退之精髓！

还有前后手之论，后手不去，前手不回，乃变手之法则。此前后拳势的根生之法，乃拳法灵稳准敏捷的关键。如此则拳法前后之义可谓全矣。

上中下：有全身的足、腰、头，上肢的肩、肘、手，下肢的胯、膝、足；上盘的高势，中盘的中势，下盘的低势，左右上中下的六路等几方面内容。简单说，乃全身九节上中下的一气贯串的柔行气、刚落点之体用。合而论之，乃虚实相须、内外一贯之全部内容。然内气健运不息，外形柔若无骨，内功法、外功法筑基功成之后，还要修炼"紫霄形化的二十八式"之功法，方为第二步功夫成。

再三十六宫剑母，前十二奇中奇，中十二正中正，后十二分左六门奇、右六门正，乃剑母荫化之源，三步功也

阐释

下谈三步功之内容。三十六宫者，乃由八卦的阴爻阳爻之爻数、位数推算而来。本经文之三十六式，为剑法施招用势之母式，使人有所取法，易于习演。此三十六式，必须先练得式式入神。因其为剑母，故每式又化为十二式，脉脉绵生，以为招法之用。故此步功夫先练三十六母式，式式入神为小成尔。

始必寻乎规矩，终当超乎规矩。后再静养九日，步飞罡三百六十五日。每夜子时，持一点天清之咒，用左剑诀插腰中，踏罡完，饮五雷电符，吸真罡气三口，以外合内，静坐一时，再随意挥舞。如此年余，活灵异众，四步功也

阐释

此乃四步功之内容。开始修炼三十六式剑母时，必循规守矩而习，式式外形皆有规定之界限，内劲运行自有一定线路和分

寸。当一切攻防招式的演化应用合规矩时，是为"从心所欲不逾矩"。此即"始必寻乎规矩，终当超乎规矩"之修炼过程的精义。

修炼至此时，要再静养九日，以调神、气、形之清静安和，再转法修炼。所转之法乃"步飞罡三百六十五日"，即约一年的时间。

所谓"步飞罡"，即以"三十六宫跳步图式"修炼三十六剑母式及其子式。此乃"内功的内气、外功的外形之手法、身法、步法、剑法"诸法合一的修炼模式。

如何具体修炼？于每夜子时起持"一点天清咒"，用左手剑诀（即"左手食指、中指伸直，无名指、小指弯曲，以大拇指弯扣此二指指甲上"）手势，插腰中"踏罡"（即用运行内气配合走步方法）。罡者，内气也。踏罡完，饮五雷电符（五雷者，五行之木火土金水，此处指五脏之气。饮者，意想五脏之气，肾、肝、心、脾、肺依次相生运行三次最后再入丹田中），吸真罡气三口（罡气，清气也。用意导引法，上由百会，下由涌泉，外由皮毛，收敛浮游之气以入丹田中）。静坐一时，再随意挥舞。所谓随意，乃心之所动、意之所向，形随之所动，此正是神、意、气、劲、形、中内外六合一统的主从动变顺序之修炼法则。依法修炼，年余则可"活灵异众"。此为第四步功夫。

再择一性善知己、毫无忌心者，同伊日较。每件兵器，要逐件精比无遗，为五步功也

阐释

第五步功的内容，说的是喂手和盘较的实践，是理、法、术、功、形、意、体、用，闪展腾挪、拿打踢摔与诸般兵器的实操。

俗云"拳打两不知",既不知彼,又不知己,故战必败。只有知彼知己,才能百战不殆。故知第五步功的日日相较,是修炼知彼知己之功夫的。用剑之法,应与其他各种兵器相比较,还要精比,这样功夫才能精纯。如以拳术而论,也应与多家拳法精比。此即第五步功夫。

件件入妙,力非朝夕,到则内外功纯、百灵司职,步穿似箭如电,浮脂化完,阴消阳长,日夜可免大寐,只有小憩而已。三宝坚凝,此六步功也

阐释

件件入妙,乃指用剑之法,非一朝一夕所能成之,功夫到时,则内外功夫到"知人所不知,能人所不能"之境。这是百灵司职,达攻防较技的"神以知来,智以藏往"之艺境。步法穿行似箭如电,浮脂化完,阴消阳长,日夜可免大寐,只有小憩",此皆是精足、气足、神足的三宝坚凝之相。此为六步功夫。

再静百五十日,皮肉无少缺欠之处,力亦无边,再随演式子,随上杉木操,为此功五十五日,七步功也。此后再上镍操,四十九日,八步功也

阐释

六步功成,再静养百五十日。所谓静养,即自己慢练的方法,以养为主,就不必有陪练了。"皮肉无少缺欠之处",即"虚实相须,内外一以贯之"之景象。此时,力无边际棱角而圆润,方圆变化无迹可寻,谓之力亦无边。此力,乃指内劲功夫。再随演式子,随上杉木操,此演练乃从攻防角度立意。杉木操,本经

中未能解说，凭文意揣度，当是以杉木所作木剑之类的辅助器具操练攻防式子。

为此功五十五日：乃取自然阴阳数之合的五十五点子之说，不必死拘此数，约两个月之数就可以了。此乃七步功法之内容。

铚者，古"铁"字。铚操，即铁剑的操练。此铁剑，乃重剑之谓。所谓重剑，较常用于较技攻防之剑，约重 1.5~2 倍，因前有木剑的轻灵以练形，此乃用重铁剑以缓慢、迟练法式修炼蓄力、运神。因"要诀"中说，缓以蓄其力，迟以运其神。

四十九日：乃少阳七七之数，又是大衍之数，此数不必拘矣！此八步功也。

　　每操前，必先吸罡气三口，以外合内，运遍周身。操完以后，再开用双手，引、按、搓、提、运、抖、转、定八法，活血顺气，引神以和皮肉，去燥火为沐浴周身，此九步功也

阐释

每操前，乃指五、六、七、八步功法是操练前必做的准备活动。

必先吸罡气三口，以外合内，运遍周身。先吸罡气三口之吸，要从内劲之吸提呼放来认识。内气由足踝上升至百会穴，是名吸提；由百会穴下行至双足踝，是名呼放。内气的一升一降，是一个周期的阴阳循环之往复。可知其先吸罡气三口，是指内气吸提呼放三次。

操练完正式内容后，尚有收功之法。双手引、按、搓、提、运、抖、转、定，活血顺气，引神以和皮肉，去燥火为沐浴周身。

引：以双手的活动引导内气运行，达到活血顺气的目的。如

手能发放内气者，便可以双手导引内气运行。

按：双手按摩穴位、经络，亦可活血引气通畅，有点按法、摸按法、掌法、指法，皆可使聚集之处松活而散开。

搓：搓摩法，揉搓，可使身体僵拙处松软柔和血活气行。

提：捏提法，或曰提皮法，常用于关节处或肉厚处。

运：双手连续重复一定的动作，运行内气的方法。或双足连续重复一定的动作以活气血。

抖：浑身抖擞的动作，有全身放松的效果。局部抖动震颤，可使局部紧张处放松。或用双手使肌肉抖动，亦有放松的效果。

转：关节的转动、松活方法。可以用手辅助其他各关节转动，当然要以轻灵为妙，以达到极限为佳。

定：按定一处持续一段时间不动，谓之定法。有顾定、对定，要有一定的针对性。上述之法可交互运用，皆为活血顺气定神之法。

上述活血顺气、以内气沐浴周身的方法，乃操练后的必行之功法，要将内气收于丹田藏好。此为第九步功的内容。

再将刺猿、飞仙二剑，静习百五十日，再静息三十六日，则十步功圆满也。可为身剑皆完，而道法几乎悉备，诚非儿戏之功，力能造于斯也

阐释

九步功法完毕，再将刺猿剑法、飞仙剑法静习百五十日，即将刺猿剑法的奇中奇法、飞仙剑法的正中正法、正奇变换转化之法，默练体认清楚。此乃从简而至用的修炼方法，即全体大用的收功练法。百五十日，可再次重温所习之诸法，此时就可融会贯通了。

再静息三十六日，即静养生息三十六日，可达三十六宫皆是春的焕然一新之身。此时可谓"身完天下无敌手，剑完四海少敌兵"的功德俱足之武士了。

综观"初基等级详序"的十步功法，可知其自有内在准则和循序渐进的规律，是一套完整的、系统的、科学的训练方案。其贯彻的是"在神为非人力，顺生机之自然，去其害生机者也"之精义。

详解条目说

手、眼、身、法、步、式、招、长、短、行、飞、立、剪、侵、凌、围、跳、跃、闪、腾。

阐释

此乃修炼传统手战之道的"目录"，"外篇"的修炼内容，皆依此而阐发。

练手解

题解

此练手法的二十八个字，将手法的练用，概括得十分详细。

手是实施攻防招法的首要部位，又是一身变化的领气之所。攻防招法的一切变化之好坏，首先体现在手法上。故传统手战之道皆将手法放在首位来研究。如拳谚"手眼身法步，肩腕肘胯膝"就是这样，再如较技中的"施手用招，施招用手"也同样将手法放在首位。故手法的练用是每个习拳练武之人必须首先修炼的课题。

但要知道，各种手法之名，都有相对应的用法存乎其中，只有名与实相符时，才能得其练用之法式。此皆为拳术、武术中的特定名称，即行话、术语，故仔细琢磨谱中之解说，方能练用无误。否则，一是练用不准确，二是与人交流时会生歧义。故对同一手法，各门派、拳种可能解说得不尽相同，但大同小异，这并不妨碍相互间的交流。有了对手法的正确认识，我们再理解经文中二十八种手法的精义，就更容易了。

钮勾转砍摆摇挈，裹摅提圈挺躲拨，活劲柔兼披猝短，双擒拥挂连环缠。

钮者，腕之力也。

勾者，指尖与腕力相合也。

转者，掌横摇之力也。

砍者，腕前掌边之力也。

摆者，手动，腕不摇，横力也。

摇者，手动，上下左右无定也。

挈者，小四指上拉，大指独按也。

裹者，手腕肘三合之力也。

摅者，手与肩之力也。

提者，手下向尖回勾，肘后高提也。

圈者，手随他依转不离也。

挺者，腕手相对，六节相倚，其力直前寸力也。

躲者，左右闪，高低进退无定也。

拨者，臂直伸，腕与肩上挺之力也。

活者，腕灵手活，能运力也。

劲者，肩肘提，手腕之落也。

柔者，贴随也。

披者，手腕肘肩，相应以动半身之力也。

猝者，灵而便应无滞机，不防之防也。

短者，手指相应，腕肘肩微动，急中加紧也。

双者，拉法双手下拉，双肩上耸。

擒者，分手解危也。

拥者，手腕之力指上耸、掌外合推相应而动也。

挂者，如以手接物，外跨上迎，中拖下搂也。

连者，二力合一，内外吃靠也。

环者，如以手寻物，环转相随，而物难逃也。

缠者，依之也，垂手下垂也。凡一切下来者，皆用此法。其力手外贴掌用力，肘直猝腕上挈也。

葩者，如上花下叶、节节相生之意也。

阐释

钮者，腕之力也。明朝时期，"钮"字用得相当多。钮可与拧互用，"拧开阀门"就是一例。如果以拧裹合论，则拧在骨骼，裹在皮肉。但钮和拧又有微妙区别。钮有扭曲之意，拧只有拧转之意。这样，对于腕关节来说，钮有拧转的同时又带勾曲之意。如此分析，在这里只能用钮，不能用拧。这样，钮字的含义在练用中也就容易把握了。

勾者，指尖与腕力相合也。拳有指勾之法和掌勾之法的区别，如爪力乃就指勾而言的，"手勾子"乃就掌勾而言的。故曰："指尖与腕力相合而一致也。"指勾常用于"上摘下采"的招法中，而掌勾常用于搂手、掳手的手法中。诀云"拳出腿来势莫挡，勾分并挽柔胜刚"说的就是勾手的运用。因勾挠能进身，乃防守创造反击之妙法也。故拳有三勾之说，乃"手勾、肘勾、腿勾"，此又不能不知。诀云："承手牵来将次颠，用脚一勾边自然，足指妙在勾身用，微微一缩望天掀。"然此却在手勾不在足勾。由此可知手勾的重要性了。没有手勾的牵来，哪有足勾的运用呢？

转者，掌横摇之力也，即掌的横摇旋转之势，即顺逆手的翻转之转也，乃现时所言的拧转之意。手法的阴阳变化谓之转。八卦转掌之转也，起手时手心向上，落手时手心向下，此变化谓之转。诀云："翻手风云落手雨，起手单鞭迫人魂。"皆言转者之手法也。

砍者，腕前掌边之力也，有写成"斫"字的，乃用手掌的小鱼际击打之法，名曰砍法，又有以砍法统称为打法的。故砍法有直击外发的立砍，下按的切砍，横手击喉的掀砍等多种，现在还有名踏掌的踏砍。总之，砍法不分用势之方向，只看运用部位，故不能以"劈"法来替代。《张横秋秘授跌打抓拿法·七招破打方》中早有对砍法运用的总结，录之如下，以资对照。

任他一进到胸前，我便带膀收砍连。
抑顺鞭赶进右步，双手三砍一推掀。
左进转身朝前用，周围连抑砍藏鞭。
带膀双砍铁样坚，披打雄风如雷电。

摆者，手动，腕不动，横力也。将摆字分析得相当明确，手动而腕不动为摆，而又只是横向的力。横向，手心手背的方向为横。

摇者，手动，上下左右无定也。同时手动腕不动，不定向的为摇，有横向的为摇。摆在摇之中，而摇应与转分别清楚。转者，手转则小臂骨同转也。摇者，小臂骨动而不转也。

挈者，小四指上拉，大指独按也。小拇指、无名指勾而上拉提，大拇指独按，形成一手之中的拉提与按同在，是名挈。此乃用剑之特殊手法，拳法中不多见。但拉提与按分开运用，拳中的手法亦多用之。

　　裹者，手腕肘三合之力也。裹法，在拳法中运用相当多，如"采扑裹束绝"的五字诀，裹字就是一大法。手法诀云："圈里自里裹打开，圈外自外裹入来；里裹打开左右角，外裹打入窝里寻。"可见裹法在拳法中的重要位置了。

　　掳者，手与肩之力。掳榆钱，捋树叶之劲意。拳法常用的手法之一，如"掳手打鼻梁"。但掳法是破解对手攻击的防守手法。如用于顺手牵羊的掳带势，又可以攻击对手。可见手法是攻是防，全由运用时的情景而定。故以防守攻击来分，没有单纯的攻防手。这样才能明白诸手法运用的精义。

　　提者，手下向尖回勾，肘后高而提也。此手法乃手低在下，指尖回勾，肘后高而提之，此乃"鬼拉钻"中的防守之手法，而"鬼拉钻"又名"提打"。可见提法在传统手战之道中乃常见的手法。

　　圈者，手随他依转不离也。此指"圈拦手"，有下圈拦和上圈拦的区别，有使对方之手既不能进又不能退之作用。使用圈手以不改变对手之势为佳，使其不知我已经控制住他了。此乃圈手之妙处。

　　挺者，腕手相对，六节相倚，其力直前寸力也。《三皇炮捶·五要》中提到"虎腕要挺"，即此"挺"字。腕骨、手掌骨相对，即"骨节要对，不对则无力"。无什么力？无直前的寸力！此力并非僵拙之力，乃纯自然之力，名挺而不挺，挺者拙僵。骨节相对则内气通畅顺达，力自生焉，此即自然之力尔。此以手法言之，浑身无不如此之用法尔。

躲者，左右闪，高低进退无定也。躲即是闪，闪乃避敌之击的方法，此处是说手法中的闪。器械之斗，手臂最易为敌所伤，故手之闪法，左右高低进退无有一定之式也。通而解之，此手法二十八字皆贯串闪法之用在其中。然闪法又有身法、步法三法合一之用法，不可不知。其法是"闪开正中定横中"，即"闪展无全空"。手之防法亦是闪法，攻手转防手之法乃闪法之灵魂。明此，闪法之用能得心应手了。

拨者，臂伸直，腕与肩上挺之力也。谚云："上下相随人难侵，牵动四两拨千斤。"拨乃"顺随法中的领搓"之方法，非硬拨横挡之谓也。虽曰"臂伸直，腕与肩上挺之力"，但要横向而用方为拨。如以手指拨动钟之时、分针的方法，直力横用谓之拨。此意不明，不知拨法之妙。神化之用，我无所能，因敌成体；如水生波，如火作焰，信手拈来便是拨。诀言"伸手拨来认分明"，就是此意尔。

活者，腕灵手活，能运力也。腕灵，手掌指自然松活灵利，能运内劲至梢也。骨节开张则内间宽广，灵动无比，此乃"活以猝其式"之要义。手法、步法、身法，无不如此，方见灵活之妙。

劲者，肩肘提，手腕之落也。此劲者，乃言肘肩手相互为用的通活至灵之劲也。非力量大小之劲势尔，乃变化而不失之劲势也，劲变灵活而能至用之劲势也。

柔者，贴随也。细腻熨帖，力不出尖，形不破体，一片之谓也。沾连粘随人不知之义尔。

猝者，灵便无滞机，不防之防也，亦如现今所言的掤势。"刚中有柔攻不破，柔中有刚方为坚"之势，用一"猝"字就解决了。技法乃是虚拢诱诈，只在一转，此地最光明。猝然而变，故防不胜防。

披者，手腕肘肩，相应以动半身之力也。披挂拳，乃披法、挂法相互连用之拳法也。后言劈挂拳，乃"披"字之误也。因明朝拳谱即有"人披而我挂，人挂而我搬，人搬而我削，人削而我遁，人遁而我角"之论。可知"披"法早在拳中应用了。后又有"披从侧方入，闪展无全空"之说，可见"披法"乃常用的攻防手法。而拳法之所以克敌胜人，在于"披窍导窍"。然披法之用，"循空披入"方能奏效。否则以横对横，以硬对硬，就失去了技术的实质，流入俗学旁门之中。前贤自《张横秋秘授跌打抓拿法·万法统宗》中有披手诀，录之如下，以资对照。

披无真传，静悟书旨

披揭机关不可言，千金无虚觅真诠。

非为直诠人不识，纵识真诠真不传。

我欲人间留秘诀，不遇知音也枉然。

大道无传终斩绝，载诸书旨遇诸缘。

披揭身式

蹉身披揭手平肩，须教拳尖对脚尖。

休将身步交十字，更嫌乘手压胸前。

披揭手法

披揭蹉身披到底，反掌撩阴高揭起。

连肩带肘往前推，后手加推循环理。

短者，手指相应，腕肘肩微动。短以应其变，手指相应而变，肩肘腕微动，可谓动之短则变之快，乃紧急情况中的用法。故曰"急中加紧，短可胜长"，乃短兵易入而得手，是"长来短接易入局"之意尔。正如《拳经拳法备要·千金秘诀》所言：

长来短接易入身，入身跌拨好惊人。

里裹打开左右角，外裹打入窝里寻。

双者，拉法，双手下拉，双肩上耸也。双手小指、无名指的勾带法，名为双拉法。双肩上耸，乃手落身长之法，相反相成的"劲形反蓄"之用也。如以耸肩则足下脱根，不可能攻敌尔，便误解之。前有"双吃"一说可证之。

擒者，分手解危也。擒拿之擒，分手接触危险的方法，是左右手交互保护的连环手法。如"摘法、手法十字变、三穿手、牵缘手"等皆是。

拥者，手腕之力指上耸，掌外合推相应而动也。手腕的劲势往手指上灌，掌外合推之劲势与之相应而动，名"拥"法。体现的手法为，劲不自一处来，可向一处落之势。然打人身要拥，乃言身法的波浪劲，又名翻浪劲。

挂者，如以手接物，外跨上迎，中拖下搂也。挂法，如以手接物，而使之不能去。但有三法，外跨的上迎之挂，中平的拖法之挂，向下的搂法之挂。勾者，有勾之形，挂乃无形而有挂物不失之意，此乃勾与挂的分别处。挂法透灵，似现时所说的"沾法"之用。古有"来入外门者接之，来入内门者，连以应之"，是为接应变换的手法尔。可知接手法之重要作用了，接得住彼之拳势，便能将其击败。

连者，二力合一，内外吃靠也。二力合一是自己的二力，即自身手法的内外二力。外表为吃力，内含为靠力。外形柔软为吃，内劲刚健以接之为靠。外吃内靠的二力合一之法为连。亦可以用"吞吐"二字解释之，即"外形用吞法，内劲用吐法"。吞吐二力合一与对手相触，名曰连法，乃接手之法也。彼入内门来者，连以应之。又有外形用靠，即软接之法，内劲用吐吃者，靠吃二力合一也，此二法皆不犯"顶"之病。用意用力之细腻可知矣！凡接触皆以此法。

环者，如以手寻物也，环转相随，而物难逃也。手法的"节转轮防"之"轮防手法"也。节转者，关节转动也。轮防者，如车轮转动，双手交互如环转动，环转相随，而物难逃。此所谓的连环手法有平环的牵缘手，平立轮的云手，里转环的连搬手，斜立环的摘打连环手，正立转的压打连环手等，数不胜数。约之而言，凡攻防手法的相互变化皆可成为连环手法。故有古传"乱环诀"：

乱环法术最难通，上下相随妙无穷。

陷敌深入乱环内，四两千斤招法成。

手脚齐进横竖找，掌中乱环落不空。

欲知环中法何在，发落点对即成功。

其诀中讲到"掌中乱环落不空"，已将各种转环手法包含在内了。可知修炼转环的手法不在少数，故可自选几个，全而周之便可。精练至纯，则其他诸法，不练亦可通之。此乃练少会多之法式，亦算习拳一窍门也。此乃"举一反三"之良法。

缠者，依之也，垂手下垂也。凡一切下来者，皆用此法，其力手外贴掌用力，肘直猝腕上挈也。依，是我靠住人身，依事而行之依。用如何之力法靠住人身，手背贴住人身，而手掌心用力，此乃"暗劲"之法也。凡一切下落之势，皆用此法，肘直而灵活，不防之防，腕子上按下拉提之挈法，此法为"缠"法也。可知拳法乃"神龙变化，畴测汪洋，沿路缠绵，静运无慌！肌肤骨节，处处开张，不先不后，迎送相当"。缠绵之势，真乃妙不可言。

葩者，如上花下叶，节节相生之意。以此"葩"字论拳，乃属初见。此字表明"节节贯串"的"九曲珠"之艺境，再清楚不过了。肩、肘、腕、掌、指的"顺逆"往来、节节贯串、相互根生之意，乃上述诸手法能够施用的根本原因，这倒是最实际而又贴切的。于此可见前贤为阐发手战之道而暮想神思之巧，细腻熨帖，启人思悟慧开矣！

通释此二十八手法之练用精义，可知其涉猎之广，涵盖之全，以细腻而论，几乎无有出其右者。虽此经流传不广，知之者不多，然其代表了明初论述传统手战之道经谱的风貌和遣词用字的习惯。对今人阅读明清两代各种拳谱，有不小的借鉴作用。经中许多手法之用字，在《少林拳谱》（公认的明代拳谱）中皆有且侧重点极其相似。但与清代中后期之拳谱相比，差异则比较明显。这就再次证明了《浑元剑经》的创作年代及重要意义。

练眼解

题解
各门皆有古传练眼之法，此经文用二十八个字分别将练眼之法、眼功之利、运用之妙阐述得条理清晰，详且细矣！此乃习拳者必知之内容。

灵活平直寸分清，团威准猝急开明。
舒和骄慢休形色，诳诈随流注宰精。
灵者，审视有先之明，知其未发之招，悉其将发之意。
活者，不呆不痴，如水澄月朗，则目中不致疏误。
平者，眼光平出，不偏不滞，如露含珠，一片天机，目无停碍也。

直者，上视眉间，中视齐项，下视齐带，此为三关。上关乃胜负之机，强弱邪正、善恶奸诈之所从出。招所由变，欲左者虚其右，欲上者虚其下。约之前后、进退、起伏、攻守、刚弱、奇正皆如之，盖人通病，能融化者乃入妙矣。中关看其横斜、曲直、钮跨、腰腿、动止、手肘、起伏之枢。下关看其引诳之变，跳跃之机也。故三关当熟看清明，方为妥也。

寸者，乃酌其神式器（用）与身之灵否，当用分、寸、毫、厘四者之力；使用何等力量制他，为得其宜也。

分者，是二人对手，要分清来去门路、身法孰灵、神光孰强以及迟速诈诱。此皆宜洞悉，以为应变之权也。

清者，眼光清白，忌昏散。非素有静工，安得如是也？

团者，精神凝聚，展转如心。精定神稳，则应猝出乎自然，如处无事。无怯则神圆，无轻则防密，无傲则气平，无形则变速也。

威者，神足严而可畏，光能射人，神能御乱，使人无隙可乘也。

准者，视斯明，不迷当局，故身剑皆完，始得其妙也。

猝者，二目含光，血气之勇，皆归空化也。

急者，目光闪急，如线穿空，剑贯重甲，清利而直锐也。

开者，是对面先看他，是某门技能当用何法致他也。

明者，明来由，悉地式，详情之忌。取其性偏，或骄之、怒之、惊之、疑之、吓之，以取其猝忙失机也。抑或以所喜顺击之，皆可也。

舒者，临阵不屈也。

和者，和容悦色，内隐明鉴，外无贪心也。

骄者，在我无常形，能使敌人易生骄矜之气，便可随其骄以取胜也。

慢者，在我以无形示之，彼疏慢之心遂起，再随所慢以击之也。

休者，神光照彻，上下左右前后不息也。

形者，临阵不改常形，不因乱而神摇也。

诳者，引其入境，以计胜也。

诈者，防己之害，察彼之病。若诈之，伊坦然，切勿妄动也。反是者，可取也。更有诈之假动者，形式虽动，而神意安舒，此等必三诈之，虚实自见也。

随者，随其神背向变化之机也。

流者，目圆朗无缺欠者也。工夫到此，则另有一番气象。人见之，可畏而不可测，避之而不敢凌也。

注者，神光普照，遐迩不遗也。

宰者，视有准处，身不轻动也。

精者，乃夙习功深，精华结聚，久则目光远注不疲，而耐久也。

灵者，审视有先之明，知其未发之招，悉其将发之意

阐释

何谓眼灵？眼之审时度势有先见之明，见对手而知其虚实，便知对手将发之招及发招何意，从而应变通权而制胜。此条以"灵"字引领其他二十七个字的内容。二十七字的眼功中皆含"灵"字在其中，此点不可不知。

活者，不呆不痴，如水澄月朗，则目中不致疏误

阐释

眼要常转则无滞，不呆不痴，眼神清朗，视物自不会失误。

平者，眼光平出，不偏不滞，如露含珠，一片天机，目无停碍也

阐释

此论"平"法，即眼光平出，不偏不滞，如露含珠，一片天然之机势，这是对美目之描述。视人之眼，可知人心，美目视人，则心正待人，视物自然无碍，此乃用眼的天然机制。

直者，上视眉间，中视齐项，下视齐带，此为三关。上关胜负之机，强弱邪正、善恶奸诈之所从出，招所由变，欲左者虚其右，欲上者虚其下，约之前后、进退、起伏、攻守、刚弱、奇正皆如之，盖人通病，能融化者乃入妙矣。中关看其横斜、曲直、钮跨、腰腿、动止、手肘、起伏之枢，下关看其引诳之变，跳跃之机也。故三关当熟看清明，方为妥也

阐释

用眼审机度势之法，名"直"，即在眼光平出的法则下，上视对手眉间，中视对手脖颈，下视对手带脉的三个关键的直视之法。上视对手眉间，对手的强弱，邪正，善恶，奸诈，皆从眼神之动态、清浊中分辨得出；其攻防招法之变化机势，亦可从其眼神判断。欲左动者，其眼先左视，而其眼光左斜，右侧自见空虚；欲上动者，其先上视，则眼下自见空虚。这样眼神的斜视妄动，乃一般习拳者的通病，或前进后退，或起或伏，或攻或守，欲刚欲弱，或奇或正，皆可从其眼神之动态中观察到，故此处关

乎胜负之机势。

中视对手脖颈，因此处关乎对手横斜、起伏之枢机。头项统乾之体，乃一身之总领，乃攻防动变转化之机枢。"中视齐项"乃视枢、得枢、握枢之法，观其项便可知对手的"横斜、曲直、腰腿、手肘、起伏"诸变化了。《心会论》中"喉头为第二主宰"，同样证明了中看齐项，是看横斜、起伏之枢的重要作用。

下视对手带脉，即对手之肚脐、带脉一线，便可知其"引诱、诳诈、跳跃"之变化。带脉一线乃步法之官长。步法者，载身进退之舟车。如其实手实招，则手进身进步亦进；如其虚招，手退身退步亦退。如其手法退而引化，可腰下步法暗进、偷进，此乃引诈诳也。知其引诳，可先预而防之。人欲跳跃，必先带脉下沉而作势，此乃人之跳跃之机制也，故能知其欲跳跃也。

故直视此三处关键的方法清楚明白，方为妥善处理战事之根基。

寸者，乃酌其神式器（用）与身之灵否，当用分、寸、毫、厘四者之力；使用何等力量制他，为得其宜也

阐释

此寸者，乃用眼术语"寸量"之意，即用眼观察估量对手功夫之强弱、所使用器械之长短软硬、运使此器械的功夫浅深等方方面面。再通过寸量其身态而知其灵拙，从而便可知当用寸、分、毫、厘中哪种劲势与之较斗方得其宜也。寸者，乃"观人料势、审人度势"之法。只有实战经验丰富者，方能用必得宜。

分者，是二人对手，要分清来去门路、身法孰灵、神光

马国兴释读《浑元剑经》

孰强以及迟速诈诱。此皆宜洞悉，以为应变之权也

阐释

此分者，是分开、分辨之分。拳诀曰："知彼知己，百战不殆；不知彼，不知己，每战必败。"故曰：二人对手较技，首先要辨明攻防来去之门路。门者，攻防进退之关卡、道路。故有拳诀"拳从口出，又从口入""破门而入"。手战之道有门法说，会用门法者，门门为奇兵之用，门门伏兵而能制胜。此外还要清楚谁的身法变化更灵活通变无形无象，谁身上的"神光"更强至于攻防变化的迟缓、疾速，双方谁的欺诈、引诱功夫运用得更加隐蔽，能让对手浑然不觉。这些都应该了解清楚，以便应变之时考虑权衡。

清者，眼光清白，忌昏散。非素有静工，安得如是也

阐释

以"清"字立论，取清明立意。眼光清白，有两义。一曰：眼睛本体白者白青者青，此青白眼也。此乃身体健康，神清气爽之象。如白者昏黄，青者白茫，乃湿热熏蒸，神昏气浊之象。一曰：眼功，法眼者，则视之一清二白，即眼之灵者，又名"青白眼"。行家之眼功也。昏散者，非法眼也。视而不见，谓之昏散。而青白眼之法眼，是通过内功修炼而来的，即由"炼精化气，炼气化神，炼神还虚"系列功法修炼而成的。

团者，精神凝聚，展转如心。精定神稳，则应猝出乎自然，如处无事。无怯则神圆，无轻则防密，无傲则气平，无形则变速也

阐释

团者，内外如一，相互为用。虚实相须，内外一以贯之，谓之团，即神、意、气、劲、形、中六合之团聚如一。精神凝聚者，气血如一之意。展转如心：乃攻防招法展转变化，皆由心出之。精定神稳：应对突然变化出于顺化之自然反应。无怯则神圆：修炼时无有畏惧之心，功德必至神圆无亏，用时则"神圆无怯"。无轻则防密：没有轻视对方的心态，没有轻举妄动的行为，是不防之防、不备之备，自然也就不密自密，不严自严了。无傲蛮则气平：无傲心自然心平气和，则听探、顺化相互为用的能力，自能达到最佳的状态。无形则变速：此乃无形胜有形之结论。有形则有破，无形则无破，无形速变之疾，不可言语道之。

此以团而言神、意、气、劲、形、中六合一统之"无形道体"的神化之功的艺境。

申明无形道体的神化之功的修炼注意事项，是"无怯、无轻、无傲、无形"，也就是团的艺境。

　　威者，神足严而可畏，光能射人，神能御乱，使人无隙可乘也

阐释

积神则威自生，流露于眼，眼神即具备威严之光芒，此光芒可慑人，威震敌人心胆。"神能御乱"者何？即"神以知来"的听探之良知不遗，"智以藏往"的顺化之良能无失，故能御乱而制胜。因其使人无隙可乘，无可利用之处。此乃"善变无形又无穷，不疾而速得真宰"艺境之描述。

　　准者，视斯明，不迷当局，故身剑皆完，始得其妙也

阐释

准，乃天地六法度天绳、地准、春规、秋矩、夏衡、冬权之"地准"也。准者，均匀停当，无过无不及尔。

因视之明，知其所来的方位、角度、速度、招法长短及力度、虚实，故能不为其外象所迷，顺随转换变化而往之，得隙用势，或顺从以为进退，四两拨千斤；或逆力以为揭献，借力打之，无不随手奏效。能于此者，是为不迷当局，旁观者清。能置身当局左右逢源而不迷，在传统手战之道中乃"文体成、武用精"者和"身剑皆完"者方能之。

急者，二目含光，血气之勇，皆归空化也

阐释

猝，乃突然、出乎意料之谓矣！二目含光，乃照眼的功夫。有此照眼功夫，对于对手的血气之勇，用空用化，就可以应对其突然的变化了。

急者，目光闪急，如线穿空，剑贯重甲，清利而直锐也

阐释

交手较技，"心之所在力随往"。目光闪急，如线穿空，眼到、心到、手到，剑亦到。剑可穿透重甲，其力源于眼之领也。急者，乃眼之用法，眼光视物疾快谓之急。

开者，是对面先看他，是某门技能当用何法致他也

阐释

此乃审势度人之法眼。动手之前，先看对手用何种兵器，何门功夫技能，以揣度当用何法制他。未动手先知彼，心中有数，方可有备而战。

　　明者，明来由，悉地式，详情之忌。取其性偏，或骄之、怒之、惊之、疑之、吓之，以取其猝忙失机也。抑或以所喜顺击之，皆可也

阐释

明白对手的根底，洞悉地形地势，再详细了解对手性情之喜好、忌讳，针对其性情偏激之处，骄之、怒之、惊之、疑之、吓之，以取得对手在突然变化的忙乱中失准则之机势。亦可以针对对手的喜好，以顺随法击之。此乃攻心之法。

　　舒者，临阵不屈也

阐释

此临阵不屈，乃"松开我劲勿使屈"的不擨人之力的均匀功夫也。舒，舒展而均匀，即"肌肤骨节，处处开张"。如此者，方能"有形如流水，无形如大气"。只有这样，才能没有屈点，才能不被他人之力所控制。所谓"松开我劲勿使屈"正是此义。

　　和者，和容悦色，内隐明鉴，外无贪心也

阐释

谚云："和颜悦色真刚毅。"和者，乃中和之道所致，中和

之中乃虚也。此即对中乃虚象的描述。

然中和之道，乃"健顺参半"的内气、外形之"柔外刚中"的精义，至此艺境，则内隐明鉴，与道合一。故外无贪心，内外自然平和，此乃"和容悦色"之因。由此和者所言之眼功，可知此经文所言的"练眼"，乃内外一切明鉴的"知能"。这一功能以眼代之而论，明此则能通解"练眼"二十八字的精义。

骄者，在我无常形，能使敌人易生骄矜之气，便可随其骄以取胜也

阐释

此骄乃骄敌之法。如何使对手骄之？我无有常人所说的威猛雄壮，只以无所能之外象示人。这样对手易生骄矜之气，而我"便可随其骄以胜之"了。此乃我之和容悦色、内隐明鉴而外无贪心所致也。

慢者，在我以无形示之，彼疏慢之心遂起，再随所慢以击之也

阐释

慢，是疏慢其心的方法。其方法是无形。此无形是"无能之形"：能进示之不能进；能守示之不能守；能击示之不能击；能退示之不能退；用近示之远，用远示之近等。此法施出，对手必然认为我无能，疏忽怠慢之心遂起，于我则攻防招式变化转换中也就出现种种可乘之机、可借之势、可攻之隙了。

休者，神光照彻，上下左右前后不息也

阐释

此休者,乃休养生息之休。诀云:"人身筋力本不多,在乎用法莫蹉跎。"手战之道的攻防,是讲求"节能"的。下面具体分析。

"形用半、劲用对五,阴阳逆从、劲形反蓄,中土不离位。"这样自身上下、左右、内外、前后,分工明确,统一为用。此乃最节能之机体,是最能充分发挥攻防之机能的。

然能达此艺境,非神光照彻不可。此神光照彻,乃听探之良能的又一说法。只有神光照彻达到最佳状态时,才能最恰当、最合理地运用自身之攻防机制,发挥最佳效果。亦即自身上下、左右、前后、内外,节转轮防,生生不息。

> 形者,临阵不改常形,不因乱而神摇也

阐释

拳必示形,拳以形见。然拳形"有定无定,在人自用"。有定,是说任何攻防之拳形皆有一定之规矩。无定,是说攻防之时,见境生情,顺随为法,随颠则颠,随狂则狂,随彼而出之,故简曰"无常形"。但此"无常形"的每形每式,皆有内外一定之规矩,定而不可移。如"以静用动、动中亦静"的攻防规矩不变不乱,攻防中柔化刚发、以柔用刚法则的运用不动摇。这就是"临阵不改常形"的精义,亦即"不因乱而神摇"的精义。

> 诳者,引其入境,以计胜也

阐释

能运用诳者,必内隐明鉴,知彼知己,洞观全局,不迷当局。使用诳诈，而对手不知为诳诈。此乃不谋之谋，能引其入挨击受制之境地而又神不能知，鬼不能觉。此乃以计胜之技法。

诈者，防己之害，察彼之病。若诈之，伊坦然，切勿妄动也。反是者，可取也。更有诈之假动者，形式虽动，而神意安舒，此等必三诈之，虚实自见也

阐释

诳与诈，乃虚实实虚之法。有虚惊之法，有实取之法，有"似惊实取、似取实惊"之法。应对全在见景生情，随机应变。故前贤云：虚实运用之妙，存乎一心。

明白施诳用诈之方法的精髓，可有两点实战中的意义。一是可防自己被彼用诈之害；二是可用诳诈之法察知彼病之所在，便可一鼓作气而胜之。

较斗中施用诈术，如对手神态坦然，切勿妄动妄施，因有被其将计就计而利用的可能。如果对手骄狂、暴躁、神昏、眼拙，破绽百出，巧用诳诈之策便可轻易取之。

更有施诈用诳，对手形式虽动，亦是虚应之假动，但神意安舒，形态坦然。逢此对手，必连续施用诳诈之手段，如"引手、佯攻虚晃、攻其必救"的三诈连施，彼必不知真假而虚实自现。

随者，随其神背向变化之机也

阐释

确立随法，并提出不改变对手的用招意图，"随其神"，为技击法则之核心。太极拳家李亦畬说："自己要安排得好，人一

挨我，我不动彼丝毫，趁势而入，接定彼劲，彼自跌出。"其中"我不动彼丝毫"就是不改变对手意图"随其神"的描述。而这种方法，王宗岳在《太极拳论》中称为"人刚我柔谓之走，我顺人背谓之粘"。这就是不撄人之力的粘走相生、化打合一的方法。

上言"随其神"，然在顺随之法中，必要落实到对手的拳形之上。对手劲势最强点之运动方向，为向。相对的对手之力尾部位，为背。此乃背、向的基本分法，也就是"力头、力尾"的分法。这样"让力头、打力尾"的施手用招、施招用手的基本法则确立了，向、背也就分明了。

　　流者，目圆朗无缺欠者也。工夫到此，则另有一番气象。人见之，可畏而不可测，避之而不敢凌也

阐释

此"流"字，乃"审视流光"之流。神光照彻，一览无遗，彼此皆洞明，此乃目光明朗周全无缺欠之意。

而此时目之神光青苍，光芒闪烁，不威而威自生。故对手见之自生畏怯之心，因其不可测深浅。凡遇此样对手，多不敢轻易侵犯欺凌之。

具此神光之目者，乃内气功夫的体现。于此可知：练拳不修炼内气功夫，则不能"目光圆朗无缺欠"。神光乃气象之精义。

　　注者，神光普照，遐迩不遗也

阐释

注者，贯注、注视之意也。遐迩，远近也。神光普照的注视之法眼，即"照眼"，一览远近皆知而无遗漏也。只有此"照眼"

方能做到"神窥其势、意觇其隙",才有"神以知来、智以藏往"之妙用。"照眼"之注视,乃"一览望三关,洞明无遗漏也"。此正是"神光普照"之精义。

宰者,视有准处,身不轻动也

阐释

此"宰"字,主宰之宰也。视有准处,乃言听探之良知的准确无误,此为自身顺化动变之主宰也。"身不轻动也",乃言顺化之良能为臣民之从属也,此乃表明自身攻防"动静之机制"的主从关系。攻防较技的基本法则是以静用动,即以听探之良知运用顺化之良能为法则。

此视有准处,不单言目之视。广泛地说,是讲听探之良知,此乃一身攻防动变之主宰。

精者,乃夙习功深,精华结聚,久则目光远注不疲,而耐久也

阐释

传统手战之道有"内外精粗无不到,全体大用自生妙"之论。内功者为精,外功者为粗。

内功修炼,"炼精化气,炼气化神,炼神还虚"三步功成,是谓"夙习功深,精化而升华,则结聚于目中"。再结合攻防至用的眼功训练,则目光近注不迷,远注不疲,而耐久注也,全在于"精华结聚"尔。

此精者,概括前面所言二十七字之内容,即具灵者"审视有先见之明,知其未发之招,悉其将发之意",皆为"夙习功深,

精华结聚"而成。这说明自身之一切功夫，皆来源于修炼方法之正确、功德之积累。这体现了"有心练功，无意求功，功自出之"的"渐修顿悟"之练功法则。

阐释此练眼二十八字之内容后，笔者感触颇深。题名"练眼"，是以练眼之功为核心，练眼之法为展开，论述了修炼传统手战之道的内外功法，内外功法的主从关系，动手较技的君臣主从法则，内主外从的机制，知彼知己方能百战不殆的重要性及兵不厌诈的运诳使诈的方法、准则和防止对手使诳用诈的化解之法则。更重要的是，通过练眼的注视之法，引申出"听探之良知"的全部内容，这在今天也是传统手战之道的精髓。

练身解（紫霄形化二十八式法门）

提笋蹲浮跨闪含，高低远近钮躬盘。左肩低垂锁抖展，转平横直活拉吃。揭迎扶单双跛势，腰弓背直头顶天。

提式：双手高攀撮勾向下，足尖对二足登，肩塌，少腹下垂，两腿外撑。其力舒肩肘腰臀之筋骨，皮坚则肉实。其气自夹脊降中田，归尾闾，久则气血活、蒸然日上，两肾与两腋之筋核皆展。精足后，则周身一气贯也。

笋式：身纵双足尖点地，头直上拔，胸含臀努，两肩松活，腿绷直，十指对耳尖，肘平撑悬头，梢有上贯之力，以下皆下注也。其力乃象乎轻清之气存乎于泥丸，重浊之气降于涌泉，活下田气路，长周身气血。常上贯，则头中风火尽逐，随毛壳而出，皮里肉外浮油亦化；常下贯以塞精户，气常注涌泉，则膝足湿寒皆化，浊气自消，则阴浊之地可得纯阳之神以曝照，阴亦化而归阳，跟力自长也。

蹲式：如猿之食，鼠之算时，在双膝上直竖，双手回勾，对鼻尖，双腿弓，足尖点地，头直腰微后弓。其力活足、胫、膝之筋骨，长足尖之力。力贯于下田，而气上提，含精反观，虚空一窍，内神活泼，外缘断息，常如清晨乍醒一般，久则还童，跟力满而轻灵也。

浮式：左足跟点地，胸前扑，臀努腿直，手后起，用勾头，直目前视，半开闭为主。其力舒腰、背、膝、跟之筋，绵腿力也。

跨式：左足尖着地，右足半悬，左手擎天，右手下垂回勾，腰头腿三直，肩塌眼随肩出，右换如之，立久则亦单尖着地也。其力练稳，舒腰、胫、足指之筋也。

闪式：右足尖点地，左腿半悬，左肩右缩，左手抱右腋下，右手从头上过，左肘向下指、稍向左，肋右努，左换如之，单闪肩动身不动，双闪周身之力，左右、前后、伏仰、后躲也。其力舒左右肋、胯裆间之筋也。

含式：胸前探臂折，双肩前耸，双足尖着地，腿直立，双手前伸回勾，肘撑目半合。其力养心肾、理三焦，气上升血自下沉也。

高式：身上耸，肩高拱，双拳下垂，头顶天。其力直贯上也。

低式：身伏而下，左平舒，足尖点地，右腿倚足实踏，身左探头，就左足尖，左手怀抱，右手从头上过，左指尖向前、对左足尖，左右换用。其力长跟力，活涌泉也。

远式：左蹲身，右足尖点地，左手依左足扶地，右手高擎，腰直，右换如之，展裆丁形。其力轻身，长腰腿之力也。

近式：身蹲腰直，左手举用掌，右足实下，右手依右足按地，左腿离地半悬，足勾直出，右换如之。完，再按原式，忽起忽伏，左右换之，各九次。其力活周身脉络，习灵稳也。

钮式：身直立，臀折腰平，侧身右向，用右手拉左足跟，左手从头上过，右指向地，眼平前视，左换如之。其力活项、胫、腰、肋、胯之筋。

躬式：双腿直立，胸正头仰观，少腹垂，左足跟点地，右足尖点地，左手拳前直平出，右手拳平后出，右换如之。其力活颈项，舒宿筋也。

盘式：双足并跟点地，双手拉双足尖；少顷，双手拉双足跟，足尖点地。完，再习，左右前后跟踏，尖蹈跳法为妥。其法舒腰夹脊之筋，活周身之血，开百节也。

左肩低垂式：左肩低向下，臂直指向地，右拳向空斜举，右足尖点地，左足跟点地，立少顷再换，右肩低垂如前。其法习别力稳步，养静气也。

锁式：双跟并跟点地，左手拉右足尖，右手拉左足尖；少顷，双手交换，拉前后左右跳也。其法清气上升，浊气下注，血下行也。

展式：左手高扬掌托天，左腿直立，右腿平起，右手拖右足跟；少顷，右换。完，再前后左右双腿换伸。其力舒肾筋、肩骨，长足力，活腿也。

抖式：裆开，双足勾尖相对，足实下，臂直如担物，十指向地，两掌外努，如鸿展翅；少顷，忽蹲忽起，腰伸腿亦伸，腰屈腿亦屈，前冲后撞，左右环转摇头。其力贯周身，清泥丸，活涌泉，去头眩也。

转式：双手托天，式如骑马，少顷，左悬腿，双手抱住，来回跳，右悬腿亦然。再双足点地，双手平担，如旋风之左右转也。其力练灵活腾跃也，去通身内外浮火。

平式：右腿弓，倚足尖点地，右肋依右腿面，右手抱左腋下，左手拉右足胫间，左腿平伸，足跟点地，腿依地为主。其力舒筋缝、缩血、蓄力也。

横式：左腿弓足实立，右腿后绷，足尖点地，臀折腰直，左手后推，右手前推，回头后看，右换如之。其法两撑，习钮力也。

活式：双手紧抱，足并尖点地，三直；少顷，换左手前后右左推，右手前后左右推，双手左右起交手双展。其力活百节，带风也。

拉式：双足并直立，双手前推、后推、左右推。其力舒腰、背、肋、胯、胫筋也。

吃式：左足尖朝天，右足尖点地，左肘屈平，手回勾，右手掌右推，换右足尖朝天，诸法如之。其力活尖跟力也。

揭式：左腿后屈折，跟点地；左腿弓，足尖点地。左手从臀后过，拉右足跟，右手举高用掌上撑，左腿屈折如之。其力活胫、膝、腰眼之筋也。

迎式：左腿半伸，足回勾，右足弓实立，双手从腿后搭扣，实扣地，右换如之。其力习背力也。

扶式：双足并实立，左依足按地，右依足按地，前后按地，左扶右跳，右扶左跳，前后亦然。其力习飞步，长筋，活百节也。

单双跛式：如骑马式，双足尖点地，双掌立于膝上。其力增足胫力，活涌泉也。

阐释

此练身的紫霄形化二十八式法门，乃在修炼内功的同时修炼外形。此二十八式法门中练外形的是什么功夫？要达到什么目的？这要参照古拳论之说法的内容，方能认识得更为清楚、明白。

《易筋经·贯气诀·练形篇》中说："练外形者，又名展筋脱骨。骨为枝干，支撑人身；筋以连骨，不致脱散。故骨在内而筋在外，两相依托。骨有三百六十五节，筋有十二经筋相互连络。练形之首务，筋骨为先，盖骨节不松活，筋道不舒长，欲屈而骨不能屈，欲伸而筋不能伸，往来牵扯，何以灵活捷便以合内也？练形之次第，先膊、次腿、次膊腿合练以练身。"

此段古拳论对练外形之目的、功夫内容及修炼顺序，谈得相当清楚。以此来观看二十八式法门，也就知道练身解的方法就是修炼外形，即展筋脱骨，达到外形的灵活捷便以合内也。此练身解的二十八式法门中，以练法展示了展筋脱骨、抻筋拔骨的更为详细的内容。

修炼传统手战之道能得正果者，其初基有二：一曰清虚，二曰脱换。能清虚则无障，能脱换则无碍。所云清虚者，洗髓是也；脱换者，易筋是也。易筋之修乃外功之法；洗髓之修乃内功之法。外运行于内，而内导引者，内功也。内导引于外，而外运行者，外功也。"内炼一口气，外练筋骨皮"，内外合一而修，行功至骨节灵通，气息匀调，精神倍出时，先有"脱胎换骨"外功之表象，"清明虚空"内功之景象，再修至外功的"脱胎换相"之表象，内功的"清轻虚灵"之艺境。修炼至此，即达到自身"内清虚而外脱换"的大成艺境。以这段论述来看"练身解（紫霄形化二十八法门）"的内容，就更为清晰了。

根据《易筋经》的理法和自然法则的变易之道理，"人身筋骨"是完全可以通过一系列正确的锻炼方法产生变化的，这种变化是"顺生机之自然"的。此练身解的二十八式法门，就是这样的修炼方法。

此二十八式法门，乃入圣境的筑基、固基的基础功法。

这样，我们就认识到练身解二十八式法门的内容作用了。由于练身解二十八式法门方法清楚，步骤明确，语言通俗易懂，故不再逐字逐句阐释，以免重复累赘。

续抄玉阶初步

打秋千：双手插腰，足下登砖，十日长一块，先前再后半身悬（四块为主）。

悬红挂彩：双手高擎，两膝平，跟下踏，身后折，足以登砖（添至七块为主）。

上天梯：单腿高起心朝天，勾起轻落左右换，人字来回扭一周，自然高起也。

腾蛇缠柱：站骑马式子，双手向怀中拉，两足跟半悬尖点地。

春驹飞舞：双手前伸指点头，两肩鼓舞腿如流，前冲后撞尖跟力，左右飞腾任意游。

揉圆接箭式：其法足尖并立，跐转闪而进退自如，双手迭翻，上下如揉球之状，分上中下三门，非习到神化无随无不随、无虚无不虚之时，难得其妙也。然其力亦始于平时，由勉以及后也。

太极炼气士地云谨抄

太岁丙子冬月十二日

阐释

此乃续抄的初步功法内容，原在"剑经结文"后，是否为

145

《浑元剑经》原谱文字，无从查考，但多为练外形的抻筋拔骨功法。只有"揉球接箭式"乃练内功的方法，并有阐释之必要。因其言："非习到神化无随无不随、无虚无不虚之时，难得其妙也。"因为有"双手如揉球之状"这样的论述，至神化之功时，双手之间似有一球状物，"虚而不虚、无虚无不虚"之时，此球状物就会随双手迭翻，能"无随无不随"了。此乃说明内功生化成的内气不单在体内可随心成象，亦可在体外随心成象。这说明内气功夫达到一定的水平了。这是每个习拳者按正确方法都可修到的内容。

无论此功法是原谱之文，还是后人续写，都至少有一百多年的历史。这说明手战之道修炼"内炼一口气，外练筋骨皮"的内外双修，内主外从的观念，由来已久。

由这段内功揉球法的描写，可以进一步理解太极边球法和怀抱太极揉球法的内涵。

太极边球法：内气功夫在体外成象时，可意想成足球大小的球状物。此球状物可任意导引，沿着身体表面滚动不息。由于球状物的滚动，身体可随球状物滚动所在之处做迎送的蠕动。可使身体节节贯串，蠕动连连不息，是修炼"听探"的皮肤触觉之良知的好方法，又是修炼外形柔若无骨的好功法。

怀抱太极揉球法：此乃指双手之间似有一内气所成的球状物，此球可大可小，随意而能变化。此球状物用双手触摸运转，是名"操球"。因有此球状物的体认，故双手迭翻运转，上下左右变化，皆呈圆活之象。如球状物的大小适中，双手会出现"左进右退，右进左退，上进下退；左斜上进，右斜下退"的一阴一阳之运动丝毫无差的圆活之象。这就是"揉圆接箭式的揉球法"之妙用处。

这两种练习方法，太极边球也好，怀抱太极揉球法也好，为何都以太极冠名？是因为老子说"道生一"。一者，太极，一气也。故以"一气所成之球状物"称太极。故"太极边球、怀抱太极揉球法"中的"太极"二字，乃指意想所成之球状物。

十二式

富式：如骑马式，双足回勾，相对实下，腰头两直，臀努，左手平伸回勾，右手平伸用拳。

贵式：双肘屈平，两拳各对耳边，腰微弓，双足尖点地。

当式：右腿弓足实下，左腿横担右腿上，身蹲，右手拉左手，前推左拉，换如之。

牛式：双足并立三直，左手肘屈平，拳对耳梢，右臂立折，拳直立，右换如之。

躬式：双足实下，少腹臀微努，头直，右手抱左腋下，左手高擎少住，换右手高举，左手抱腋。

午式：身直立，双足实下，右手平如拖物，左手高举。左换如之。

飞式：右腿足实力，左腿后绷，足尖点地，左臂依左耳边，肘向空指，斜向下，左手换如之。

田式：左腿半悬，腿依左肋，臂依左腿，肩依膝边，手撮向外，右足尖点地，臀努腰含，右手托天，左偏探，右换如之。

王式：双足实并下，左手直举，用拳向空，右拳对左肘下，肘微屈。

叉式：双足并实立，腿直，自腰眼下折平，双拳垂，以及地为主，要自然立四刻，微起，再周身战抖一阵，以舒其力。

足式：左手高举，肘屈，拳对囟门，右手直垂用勾，右腿半悬，左腿踏实（下脱文）。

歇式：如骑马式，双跟对，头腰立（臀），双手平伸，回勾相对。

阐释

此乃紧接"练身解（紫霄形化二十八式法门）"之后的十二式练身法。为何用此十二个字？时过境迁，已不可知了。

然此十二式，乃拳中常见的基本姿势。是否此十二式乃初步功法之练式法，也就未为可知了。即先练此十二式，再练"紫霄形化二十八式法门"，亦只是练法先后的问题。根据笔者体会、揣摩，此十二式比二十八式练法简单，乃"按式单演练习"的涵养固基之初功法式，本着从简易入手的法则而先练。现在此十二式练法中，配合内功练法而习之，然后再练二十八式抻筋拔骨法，乃属顺序得当。此十二式亦可作为练内功的桩式而用。

炼身

题解

此炼身和练身法不同。练字，指外形的抻筋拔骨之修炼。而炼字，带有"阴阳相济"的内气、外形共一炉之意。可知此炼身乃"意气君来骨肉臣"的内外齐修、内主外从的练法，是在二十八式后的又一身法修炼内容。

而此炼身法，又是身法之用的法式。有了这层见解，只好以用法来说了，这样更直截了当一些。

蹲伏腾挪展转移，钮提耸曲炼飞奔。

跨躲跷接跳门法，诸形细阅体其神。

阐释

蹲：即蹲身法，有双蹲式和单蹲式的区别。双蹲式多正面双手扑进之用招，如虎扑势，要侧面用招多采捋法。单蹲式有用手破对方腿法的"金丝倒挂"，又有单蹲式用腿法的"跪腿得合勒"之摔法。蹲身击敌的方法很多，故不一一列举了。

伏：谚云"退如伏猫，进似虎扑"，蹲与伏皆为矮身法，但稍有区别。蹲法多不伏身而腰、头直立，全凭腿之卷曲仗身而蹲；伏法多有身法之俯伏之势，只见腿之微屈之势。如海底针的抄腿式法、靠击式法。

腾挪：上下为腾，水平换位为挪，故身法之腾挪不宜分开解说。歌诀："偏闪空费拔山力，腾挪乘虚好用机。"身法腾挪，一是避实之闪法，二是击虚之进击法。合语之，避实击虚是由身法之腾挪来完成的。

展：舒展自身之展。自身左右、上下、前后，皆可分为二。左攻右守，左守右攻；上攻下守，上守下攻；前攻后守，后守前攻。守者为闪为缩，攻者为展为舒。如此才能施招用手、施手用招，体现为化打合一。可知舒展是和卷收互用互根的。歌诀云："常收时展是操持，舒少卷多用更奇，一发难留无变计，不如常守在心头。"

转：拧转、旋转、螺旋，圆转如轮、节转轮防、触处成圆。凡此皆是说身法中的"用中"之法。拧裹钻翻，皆转之具体方法。"活似车轮"描述了圆转无滞的身法。这要从手法、身法、步法及三法合一之用中体认。此"转"字，四字便可概括："转进转退"。捷径之法，如转移合观，即用转法移形变位，再得当不过了。诀云："曲中求直，蓄而后发。"曲者，转也。转则蓄势之法。

在圆转蓄势变化过程中，求何处直？如何直？直多少？何处直是指方位，如何直是说方法，直多少是言分寸。此乃在"求"字上下功夫。

移：乃"移身换形"之法，又是"移形换位"之意。此"移"字与"挪"字有相同之处，故常通用之，挪移者便是。

钮："钮"字，古有写成"扭"的，皆扭拧之意也，故有"拧捂"之用，有"扭捂"之法。有步法、手法、身法及三法合一之钮。今以拧而代之，故钮不常用了。

提：身法长势则为提法，由下向上之势。提与落、放相互为用。提不脱根，乃上下两夺之势，如"气沉丹田意要提""劲落形起有根抵，形落劲起神自提"。可知提乃身法中之大法。故有"提托推领"四法的运用之说。

耸：即"打人长身，防人矮身"中的"长身"，乃身法中的蹲身、伏身、矮身。矮身的上起之势，皆为耸身之法。

曲：身法有曲直之形，即"形曲"而"力直"，简曰形曲力直。折叠之法，乃曲身法之用也。身法五弓，不曲如何成弓势？虽形曲而中直，乃得曲身法之妙用。缩作一球，不曲如何能成？浑身柔若无骨乃曲身法之根基。曲中求直，不身法曲蓄，如何求直发之用？可知"曲身法"就是五弓齐备之身法。

炼，炼者，如胶似漆之身法，虽然是柔若无骨之外形，但要有阳刚之内劲，做到外吃内靠或内吃外靠，即"棉中裹铁"的身法，才能使人不可离去。此能外吃内靠、内吃外靠之身法，名为炼身之法。故知炼乃身中之法名，简曰身法。

飞：古有"炼神而能飞""飞腾知气之深微"，又有"飞天靠"。而此"飞"字，乃指内气之升降法。身能腾空纵跃往来，是名飞身法，皆由内劲腾挪所致。故知飞乃内劲作用于外形之身法。明白这一点非常重要。

奔：是一种身法，也是运用身法的方法。歌曰："阴变阳兮阳变阴，反拖顺拖不容情。手外缠来怀中出，两手搬开奔身靠。"从中可知，"奔身"乃靠法，以身靠击对方，是名"奔身"。以身法说，名"奔身"；以用法说，乃靠也。

跨：有"挎"和"胯"之不同。"挎"字，从手法之用，名曰"挎打"。"胯"字，乃自身腰胯之胯。"跨"字从"足"，此乃步法中的收胯提膝复而转放落之法，即以步变化身形的方法，而又用此"高收提，拧转低放而落步的身法"。当落步时便能成招，将人击出放翻，此又名为"跨步身法"。而"跨步身法"有"以重击中"的靠法，又有"以定用手"的打法、踢法，皆可随势而用。

躲：即闪法，闪躲、闪化。至于"吞法、缩法、转法、摇法、摆法、俯法、仰法、避法"，皆可称为闪法。故修此多从防守招法中求之。如细分则有手法、身法、步法，又有此三法合一的躲闪之法，皆应细求之。

蹍：音从碾，足之碾转。捻乃手指搓捻。而此从足之碾转，身有搓捻之劲势，是身法之蹍尔。

接：接人之身法，有外接内应之法，即内外吃靠的接人之法，可使人不得离去。可知接乃身之大法矣！

跳：身法之直纵法、横纵法的进退之身法。此纵身步法可有前进一丈，后退八尺的效用。故有"前打一丈不为远，近打只在一寸间"，亦有手法之起落谓之跳法的，亦是同理。

门：身法之转换，手法之攻防，步法之进退。三法合一之进攻、退防的转换变化，皆应从门而出，从门而入。出入自有门户，即"拳从门口出，破门而入"。攻防不知门户，进退没有道路。故知此"门"字，乃指进退攻防之身法。有身法，知门户，方能明进退之法，招法之用。此乃门之要义。

法：乃攻防法则，"顺随"乃总法则。攻防之方法：顺从以为进退的四两拨千斤，逆力以为揭献的借力打人。两法相互为用，相互为根。可知此法有法则、方法两层意思，又有练法、用法之分。应全部掌握而运用熟练。

诸形细阅体其神：上面所论的内气、外形合一而用的炼身诸法，及三十六式诸形，都应仔细、认真地实操实练，仔细体认其中的神韵、精意、体用之妙。

故知炼身的内容，前与十二式、二十八式的练身法相连，后与三十六式、玉函妙钥相衔接，共同说明了内气外形柔外刚中、匹配如一的身法。此身法是广义的，含手法、身法、步法在内，属于一身的"虚实相须、内外一贯"的练用法。

此"炼身"之内容，可有身法解、手法解、步法解种种之解说，又可以各种解说共同参照，合而观之。此乃歌诀之精义。

九宫三十六式图说原脉

题解

此乃"九宫三十六式"图说的来源、脉络。九宫，乃从"洛书"九宫而言：坎为一宫，坤为二宫，震为三宫，巽为四宫，中为五宫，乾为六宫，兑为七宫，艮为八宫，离为九宫。八卦、八数配八门：坎卦、休门常主一，坤卦、死门常主二，震卦、伤门常主三，巽卦、杜门常主四，乾卦、开门常主六，兑卦、惊门常主七，艮卦、生门常主八，离卦、景门常主九。

以上乃常说的"八门九宫"，皆出于"洛书"。如以拳法而言，任何一式拳招的确立，"一身即立体九宫"。正是一身"中正安舒、动变平衡"之状态的理法根据，又是四正四隅攻防动变的

"坐标图系"。可解自身内外静动变化的方位控制、劲力运用、尺寸控制等多种作用。

八门，出自八卦。如以拳法而言，任何一招拳法的确立，"一身即同时存在八门"。此乃自身内的八门说。同时在身外又有四正四隅的八门。自身转动变化，八门所处方位亦随之变化。内外皆如是也。

然此经文中的三十六式说分为前、后、左、右，四九三十六式，此乃立体九宫的说法。而又按前、中、后各十二式，计为三十六式，这也是一种立体的概念。

原谱每式绘以图，各注以解，使人有所取法，易于习演。然无缘见此图注，故对其中所述之式法，不能——对号入座，这是一点遗憾。现在只能凭文字描述分句进行阐释。

夫三十六式者，乃前九宫、后九宫、左九宫、右九宫，四九共为三十六式。又分前十二、中十二、后十二，而为三十六式。每式各绘以图，各注以解，使人有所取法，易于习演。而此三十六式，乃剑法之神髓，招式之宗祖。先炼得式式入神、合法之后，各式皆就完整。每一式又化十二式，脉脉绵生，共合四百八十式，以为招法之备数。其一式化十二式者，以象十二月；以三十式共化三百六十式，以象一年生成之全体；余六式化六十六式，以象六十四卦；余二式以象阴阳和合之义。其以九宫分前后左右者，以象四时之序焉。至飞仙刺猿两剑，则又三十六式中之祖。至若后列七十二式使破者，以象七十二候之变更焉。而首卷内篇所言三字诀者，以象三才之浑化。夫紫霄形化二十八式，以象二十八宿之谓。至于练手、眼、身、法、步式等解者，正所以阐其微旨。而其余蕴，曲尽其妙无遗也。及其吞罡、持斗、饮符、持咒、开壳等法，实以借天地清宁之精与神，以灵补灵，所谓浑三才于一致，不惟剑成，而道亦备。噫！其含容生成之神亦至矣，岂止空演招式、明其说而已哉！

　　而此三十六式，乃剑法之神髓，招式之宗祖

阐释

　　古传拳法"九宫手"，双手运使，计十八式，左右攻防手运使，亦是三十六式。这也合"九宫手"四面用的四九三十六式之数。可知三十六式，是剑法之神髓，招式之宗祖，也是拳法乃至手战之道的一切攻防招式之神髓、宗祖。

　　先练得式式入神、合法之后，各式皆就完整

阐释

　　何谓入神？何谓合法？入神之全言是"入妙入神"。妙字乃指体；神字乃指用。体用乃"动静之机制"的体用。

　　何谓"先练得式式合法"？此式式合法是说自身动静变化符合神、意、气、劲、形、中六合一统之内主外从的机制、机体。动静变化过程中，外形以六合为疆界，内劲自有分寸，上下相随，以四象法则为动变之准则，做到时时处处皆是"曲中求直、蓄而后发"之状态。功到此时就可说式式合法了。

　　各式皆就完整：是说各式皆能神、意、气、劲、形、中六合一统的内主外从的动静变化合法有序，上下相随以四象变化为法则。势势相连，生生不已，无丝毫散乱而流畅通达。此乃就自己修炼而言，是知己的功夫。

　　每一式又化为十二式，脉脉绵生，共合四百八十式，以

为招法之备数

阐释

此三十六式，每式又化为十二式。这正是手战之道"母子式"的关系。开始修炼从约从简。先练三十六式为母式，精熟入神，合法完整之后，再练每个母式分化的十二式，共计四百三十二式。待各式练得入神、合法、完整后，复简约到三十六式。这样由三十六式到四百三十二式，复由四百三十二式归纳为三十六式，由简到繁，再由繁约简。这个修炼的方式，符合手战之道的修炼规律（笔者按：四百八十式之算法好似有误，如以三十六式乘以十二式之数，也只是四百三十二式。再加本式三十六式之数，也只是四百六十八式之数。只有再加十二式之数，才合四百八十式。因经文未能说明，故此存疑）。

其一式化十二式者，以象十二月；以三十式共化三百六十式，以象一年生成之全体；余六式化六十六式，以象六十四卦；余二式以象阴阳和合之义

阐释

此乃解释为什么每式化为十二式。其一式化十二式以象征一年有十二个月。故说"以三十式共化三百六十式，以象一年生成之全体；余六式化六十六式，以象六十四卦；余二式以象阴阳和合之义"。这种象征用法，在古拳谱中经常出现。其除了计算招式数目及招式的子母关系，便于理解和掌握攻防招法内在的转化法则、规律及便于记忆，并无其他意义。为了说明招式的来源，使之既符合天道年数，又符合《易经》的阴阳和合之义，这样的论法，未免有牵强附会之嫌。

拳以用年、月、日、时为法则，又符合《易经》六十四卦之理法，这是正确的，但绝不是这样简单地牵强附会。这一点要分辨清楚。

其以九宫分前后左右者，以象四时之序焉

阐释

这句话肯定了四象法则乃动变之时序法则，并以此说涵解一个攻防势的周期，如同自然界的一年。攻势防势各半年；攻势乃春夏，防势乃秋冬。又引申出"一人者，太极；攻守者，两仪"的概念，由少阳、太阳、少阴、太阴四象部位运转而完成。此是身内的四象法则说，乃"年月日时"说和《易经》四象说之综合，具体解释传统手战之道的用法和"天人一理"，因此先哲此说并非牵强附会。就此而论，针对太极、两仪、四象法则的顺逆关系的认识，前贤亦有论述可参阅。《张横秋秘授跌打抓拿法·总序》中说："未若跌打抓拿之法大成者也。跌而不打则跌轻，打而又抓则打重，抓而不拿则抓松，拿而又跌则拿硬。若四时之错行而相资，如日月之代明而互用。形势与人同，筋节与人异，所谓拳之上乘者耶。"

至飞仙刺猿两剑，则又三十六式中之祖

阐释

这句话表明：三十六式中之祖，即"母式"，乃飞仙、刺猿两剑式。此处与《易经》的六十四卦，以乾坤二卦为门户，是同样的见解。因为，剑法之用，奇正相生互变，互为其根。而飞仙剑乃正中正之法式，象乎乾；刺猿剑乃奇中奇之法式，象

马国兴释读《浑元剑经》

156

乎坤。飞仙、刺猿二剑之法式，统乎三十四剑，也就顺理成章了。

至若后列七十二式使破者，以象七十二候之变更焉

阐释

此七十二式，乃后面"七十二手使破"之内容，以象七十二候之变更也。此借用"三天一气，五天一候"的气候说，说明七十二手之来源。

而首卷内篇所言三字诀者，以象三才之浑化

阐释

"内篇"所言的"清"字，存神泥丸，如水清月朗，风轻日暖。取"天气之清明"。"静"字，一气到脐，思看莲花之意。取人才之清心寡欲之心净。"定"字，一气至海底停住，思如泰山之稳，外诱难挠，如松之茂，如秋阳之清暖，如露之含珠，月之浸水，其坚如刚，其柔如絮。取地才之宁静、坚融再合而为一，此乃气、神、形三才浑化如一的妙行轻灵之体，有"轻灵妙行"之用。

夫紫霄形化二十八式，以象二十八宿之谓

阐释

这里又说"紫霄形化二十八式，以象二十八宿之谓"。二十八宿者：角、亢、氐、房、心、尾、箕、斗、牛、女、虚、危、室、壁、奎、娄、胃、昴、毕、觜、参、井、鬼、柳、星、

张、翼、轸。形象地说，紫霄形化二十八式的练形方法及外形变化，皆与二十八宿的运行变化之法相同。此乃本句之精义，即"天人合一"之理法，是一致的。自身内气和外形的相互呼应变化的法则、规律，与天地气候的相互呼应是一致的。但是，必依自己身中的年月日时，才是正确的方法、规律，才是真攻防功夫。

> 至于练手、眼、身、法、步式等解者，正所以阐其微旨。而其余蕴，曲尽其妙无遗也

阐释

此是说三十六式图说的一切内容，外皆遵从天道自然之理法，内皆顺从自身内外各部位器官性情，本"天人合一"之理法而修之。惟道是从，才能达到以先天之神为体用，亦足以向机御变，因变致神。就是练手、眼、身、法、步式等内容，也正是本此"神、气、形"三者的浑化归一，方能有"一而三之"的精微妙旨。

> 及其吞罡、持斗、饮符、持咒、开壳等法，实以借天地清宁之精与神，以灵补灵，所谓浑三才于一致，不惟剑成，而道亦备

阐释

所谓"吞罡"，后面的"飞罡文"中有"日精月华，吞入丹田"一说。此日精月华之喻，即"气沉丹田德润身"之水火相济之法。

所说"持斗"，斗者，北斗七星。北斗七星之斗柄所指之方

向，名曰"真方"，即"北极星"的位置。持斗，就是持"北斗七星绕北极星而转"的方法，以练己的"建中立极，用中而得中的功夫"。故夜半练功者，皆有"拜北斗"一说。

饮符：符字，以练功而言，出自《周易参同契·晦朔合符章第十八》中的"晦朔之间，合符行中"，乃指练功当中"气沉丹田，阴阳精化和合"的真气欲动，此欲动已动之势名为"符"。有此真气欲动已动之势，以意导引之，在体内外运行，名为"饮符"。

所谓"持咒"，跟念经、背口诀是一个意思。所谓咒语，在修炼内功法中，就是内功法之口诀。

开壳：前面已有阐释，可参阅前论。

实以借天地清宁之精与神，以灵补灵，所谓浑三才于一致，不惟剑成，而道亦备

阐释

此"天地"乃自身天地定位之天地，即"肚脐至腰，带脉以上为'天'，以下为'地'"。又是内气从乾、从天；外形从坤、从地。又气属阳为天，血属阴为地。故知精者从血，从外形；神者从气，从内劲。

清者，内气也；宁者，外形也。血藏于形中，故从外形而论。

精则灵，外形能灵活而又通灵。神自灵而又明，神自清明，精自灵光。精神交合，清灵光明。此所以内外双修，气血得养，精神充沛，乃借天地理法而修自身，是以灵补灵之取义尔。天地之灵，而造化万物；气血之灵，以生成自身百骸而具造化生机；精神之灵，以生万拳之变化，制人而不被人所制。此所谓三才于

一致，所取的"天人合一之理法"尔。这样修炼，不惟传统手战之道成，而自身与道合一之体亦具备了。

此段论述，精细详明而又周到。然其宗旨，始终未离"天人合一"之理法，确实达到阐其精微妙旨之说了。

噫！其含容生成之神亦至矣，岂止空演招式、明其说而已哉

阐释

此谈招论式包容于诸修法中，"先天之神"亦同时生成，以为至用。二十八式、三十六式、七十二手、手、眼、身、法、步式、吞罡、持斗、饮符、持咒等诸法的修炼及解说，皆以生成先天之神以为体用为目的，岂止为了空演招法招式而立论呢？明说招法、招式的修炼方法，实为了生成先天之神以为体用。这才是阐述之宗旨。

这一点，完全阐明了传统手战之道修炼的系列方法和系统工程，都是为了生成先天之神以为体用。此乃"图说原脉"的精微妙旨，也是《浑元剑经》全部内容之宗旨。

九宫三十六式列后

题解

此三十六式剑法，排列后是三十八式之数。多了的两式，一为逐蝇式，此式是尚未出剑的预备式，出剑第一式应为拜式，继而伏虎式。收式前，为拜式接逐蝇式收。一为右六门，乃伏虎变滕蛇式，雷同。故此两式不为三十六式之数。

此三十六式的排列，按单式演练，无所谓排列，孰前孰后，无所区别。而编排成套路演练，分组排列亦可。

此三十六式的特点有二：

一为各种剑式的身架短小精炼，真正做到了空手不离怀，剑不离身，属于实战剑法。

二为各种剑式的手足虚实"上下相随"分明，即式式做到"手起足落实，手落足起虚"的以腰为轴的轮防架势。

关于用"中"的问题，可在"三直六揭"中找到"用中"的根据。而"枢得环中，应变无穷"的道理、法则，在三十六式的介绍中，已不言而喻了。实战架式缺此两者，不能为用。

伏虎式：左腿里扣，足尖点地；右腿弓倚，足尖点地；头依右腿边，胸前扑，目从左足尖看出；左拳依右肩前，右手持剑尖向左足，剑尖平为主。

探海式：左肩向前，左腿丁弓，足尖点地，右腿丁倚，足实下，臀努，腰直，丁步，左掌依右肩前，右手持剑，把向空，尖向地。

飞龙式：全身蹲，左腿弓，足尖点地；右腿弓，倚足横实踏，左手肘在右膝上，掌托右肘下，右手持剑，尖向后，眼前看。

游鱼式：左足横，右足尖点地，腰折胸扑，头向右看，左手扶右肘下，左手持剑，尖向左足跟指，把高，眼随剑尖左看。

提篮式：左腿弓，足尖点地，右腿倚足实下，腰头臀努，左手掌前伸推，右手持剑在左腋下，剑腰间横。

献桃式：身蹲，双足尖并立，腰直头正，右手持剑，横担左肘上。

拜式：身蹲，左腿弓，足尖点地，右腿倚，臀努胸含，右手持剑，把向前微低，左手伏剑上。

回头望月式：右腿弓，足点地，左腿直绷，足尖点地；少停，再实下，身右偏倚，形似依地，右回头看左足跟，剑在左肘下，把向前微高。

单闭门式：左弓右绷，胸正腰直，臀努，左拳在膝上，右手持剑，把高斜向天，尖向地。

黄鹤传书式：左腿弓，足尖点地，右腿倚足实下，右翻腕，手扶右腕，把向天，尖向地。

仙蝶寻香式：右腿前弓，足横实下，左腿后绷，尖点地，左掌依右腋立，右手持剑，把微低，尖斜高向左，头右看。

游蜂入岩式：左弓右绷，顺步丁，臀折，左掌依右腋下，腕右翻，立剑插左腋下。

顺风使船式：右腿虚下，足尖点地，左腿倚足横下；右手掌，剑横平；左手用掌，横伏剑上。

点石成金式：左腿弓实下，右足面依左膝后，臀努折，拳前推；右持剑，尖指左拳，离怀三寸许。

右翁投履式：右腿弓足实下，左足面依右膝后，臀努折胸，左钮，左手伸指回勾；右手持剑，把向空，尖向地，眼前看。

仙人挂影式：身蹲左腿弓，足尖点地，右腿倚足横实下，左手托右腕下；右持剑，把依左肩前，尖右指，斜平胸正。

霸王举鼎式：其中有单举双举之别。单举者，左足横实下，右足尖点地，右手持剑，把向前，平持，作推物样，左手扶右手，目前看。双举者，乃双剑中式也。

指日高升式：右足尖点地，左足面贴右膝后，臀折，左拳立左膝上，手平持剑。

仙人解衣式：左弓右绷顺丁步，右手屈，抱掌前推，左阴手持剑，尖斜高向，眼前看。

怀王入秦式：左腿前弓，右腿倚，右推左勾，两撑立，胸正腰直，半蹲身，剑把右肩斜高立。

仙人摘帽式：右手持剑背后，剑尖从左肩出，左腿弓，足尖点地，右腿倚足横实下，腰直臀折，左手擎天为主。

仙人点兵式：右腿弓，足横实下；左腿绷，足尖点地；右阴手托剑，把前向斜高；左手背后勾起，胸前探，眼前看。

仙人唤客式：左腿实下足，右腿倚，左手抱右腋下，右持剑，肘立，虎口向天，剑尖向地，直腰蹲。

仙人遁形式：胸正，左足半悬，左拳立左膝上，右足实下，头腰腿三直，右手持剑，把向天，尖指地为主。

太子登殿式：右腿直立，足尖点地，左腿半悬，肋左努，头探，左肘依左腿根，斜置腕外，翻指伸前向，右手持剑从头过，左尖斜指地。

麟行旷野式：左锁铛，右持剑，尖向斜高指天，左手怀抱，指依右肩前，胸正头前看。

蛇曲式：左腿前向，跛，弓足实下，右腿弓足尖点地，腰前探胸努，左肋依左腿上离寸许，头随前足尖看出，右持剑，在头上过斜向天，尖指左足前，左肘在右肋间。

七星落地式：左足横实下，右足尖点地，左手高扬掌拖天，右手虎口向天，持剑尖向地，右肘依左肋下，头扬，胸微前扑，剑尖与足尖对，此中含四剑三脚，谓之七星。

凭空起浪式：右腿弓足尖点地，左腿依足实下，腰直臀折，左臂直，手回勾，右手持剑，把微高，尖斜指，立四刻稳步，剑随身扭行。

逐蝇式：双足并直立，腰微前含，剑在腰后横跨，把左肘下，双手十指相对如拱然。

逆水行舟式：右腿弓足实下，左腿倚足点地，跟对，右胫头腰直臀折，右手持剑，肘依右膝上寸许，左手扶右腕，剑护前腿外，眼前看。

燕子抄水式：右腿跋伏地，左腿弓倚，身右伏；右手持剑，把向怀，尖向前，斜低指，左手扶右肘，臀后努，头前探，眼随剑尖看出。

童子行礼式：右腿前弓实下，左腿半跪，足尖点地，左微弓，倚足实下，胸正；右手持剑，掌里向，大指向前，左手依右掌腕间，直立胸正。

刺灵猿剑式：右腿前半弓，足尖点地，左微弓，倚足实下，胸正；右肘立持剑，虎口向地，左掌立向腕上，看前方。

伤目式：伏虎变滕蛇，变躬身式，三变而成。双足并立，三直，左手高举用掌，右手持剑立左腋后，把向地，尖向天，正面直视。

轩龟式：右腿前弓，足实下；左腿绷，尖点地，头前探，左手扶左膝左边，右肘依右腿根，持剑，仰手，剑尖前指随看。

右六门：伏虎式变滕蛇式。伏虎式同前。

滕蛇式：左腿前弓，右腿绷倚；左手后勾起，右手持剑，横斜用吃力取目，左右剪腕。

夫身法既灵，内外关窍各尽其妙，以致百节周身、三百六十度四分之一度，筋脉皆活，三宝皆通。嗣必加以增力之式，照炼无厌，以抵纯刚。再加以练掌之功，演入精妙，则武技斯谓通矣。

夫身法既灵，内外关窍各尽其妙

阐释

此身法灵，一指"听探之良知""知人所不知"，二指"顺化之良能""能人所不能"。为何能如此？是"内外关窍各尽其妙"

的缘故。

内外关窍者何？即通心气、开心窍，乃"剑髓千言"中所说的"开七壳"之"七壳开"。壳者，亦名窍。窍，不开为壳、为关。壳、关之开者为窍。

外关窍者何？关者，外形之关节。古拳谱云："骨节者，两骨间之空隙也，乃人身之壑谷，为神明所流注。"故关节又名"窍"。

拳法足以克敌，何也？答曰：在"披窍导窍"。"内外壳开"才能各尽其妙。内窍开则能知，外窍开则能化。内外窍合用，听探敏捷，知之又全，顺化无差，乃是自然。此即肌肤骨节，处处开张，则"内外关窍"各尽其妙之精义尔。

以致百节周身、三百六十度四分之一度，筋脉皆活，三宝皆通

阐释

百节周身之见识，各家皆同，上文已言之。而"三百六十度四分之一度"是说一身关节系列组合、相互为用，可任意做出上下左右的各种架式而内无障碍，外无牵扯吊挂、游形离位之弊病。

这不单是骨节灵活，而是筋脉皆伸缩灵活自如，是神、气、形三宝皆灵通无比所致。此乃三才浑化如一之证验也。

嗣必加以增力之式，照炼无厌，以抵纯刚

阐释

以三十六式修炼，达到三宝皆通，身法既灵，内外关窍各尽

165

其妙之火候。随后必须加以增力之式的修炼，照前面法则修炼而不要有厌烦情绪和速成的心理，以抵达纯刚之火候。

随后所练的增力之式，就是玉函妙钥（七十二手用力之法）。下文即将介绍。

所谓增力，是针对什么内容而说的？

首先，要知道增力绝不是增加筋劲骨力，也不是肌肉爆发力。"剑髓千言"中说："直养自然先天之能力。"此能力，就是听探之良知和顺化之良能相互为用的能力。明白了这一点，就知道"七十二手用力之法"的各式之修炼，仍以柔若无骨为宗旨，才能达到纯刚之境界。何谓"以抵纯刚"？纯刚艺境，即外操柔软，内含坚刚。而求柔软于外，久而久之，自得内之坚刚。此非有心之坚刚，实有心之柔软也。此正是"照炼无厌，以抵纯刚"之精义妙旨。

此体纯刚。纯刚者"坚融兼备"，正是"卷之则退藏于密，放之则弥六合，卷放得其时中"的道体。此正阳纯刚道体之存在，方是传统拳术攻防之道的真功夫。有此体便有此体之用。不建此体，何谈其用？

再加以练掌之功，演入精妙，则武技斯谓通矣

阐释

此练掌之功，非指世传的"铁砂掌、朱砂掌"的掌功，也不是"八卦掌"之掌功，而是指运用剑法的掌、指之功夫。而此掌、指之功夫，用于持剑，可使剑法精妙入神；用于空手，亦可有攻防之用；以配合剑法，有夺器、造势、击敌、化险为夷之妙用。

而此练掌、指的功夫，就采用"七十二手用力之法"的内容，单操单练，可使掌、指的各种用力之法，精妙入微。或以练剑之

式，空手操练，亦有良好效果。此乃立项单操之法也。

再以掌、指之法，配合持剑之法，自然剑、掌配合演化精微入妙入神。这样剑法、掌法、身法、步法，式式变化，浑然一体，演入精妙之境，不知有己。武技至此，可谓贯通矣！

玉函妙钥（七十二手用力之法）

题解

玉函妙钥：玉函者，玉匣也。手战之道好似玉匣，内藏诸宝，以待开启而取之。妙钥是可开启此玉匣的钥匙。此七十二手用力之法，如能理会、体认，便可得手战之道的精髓。

从七十二手用力之法的名称来看，此虽是剑法，然与徒手技击的拳法之名称几乎一致。

此七十二手用力之法，无图示介绍，然从其立意宗旨来看，不外乎"八门法、九宫手"的攻防综合运用。各手法之用力方法、关键、部位、时机、占位等，都谈得很细致具体了，故此我不再一一阐释，只择一处较难理解的内容阐释于下。

青龙戏水拖贴按，燕子穿林左右寻。
长蛇摆尾拉吃靠，猛虎扑食在中门。
仙人指路随人力，鲤鱼跃浪进翻身。
凤凰点头解纷舞，金豹跳涧远腾空。
哪吒探海虚中实，童子上香刺前心。
金蝉穿林缓中急，春风摆柳诳将计。
闲云出岫无形定，狮子抖毛拭绷刺。
喜鹊登枝三点头，黄鸟登枝中折击。

青鸾展翅恨天低，孔雀开屏难封避。
狸猫扑鼠先伏身，叔宝救驾双刺手。
铁锁缠身直进前，金凤吹叶两边翻。
雨打残花败中胜，云里翻身躲更难。
千里一跃如梭掷，太公垂钓半身悬。
仙子钓鳌下而上，古树盘根扫腿边。
仙猿偷桃退中进，金牛耕地把头缠。
满天星斗光闪烁，锦云铺地三回转。
力士开山似虎狂，童子送客回头看。
叶里含花开未开，风中舞蝶急中缓。
水中游鱼上下分，挟山过海险中坦。
妙手回春偷入怀，金莲映日光华灿。
举步登云妙手玄，绿鸭浮水来身前。
白鹤舞风旁门趁，仙人换衣影倏然。
献玉入秦机关巧，妙女穿针直刺喉。
织女投梭穿左右，仙猿扒杆惯争先。
翻身鹞子左拦腕，风吹花影式翩跹。
金风掠地凉穿骨，斗转星移步连环。
仙人跨鹤当头披，蟾蛾舞乐怀中人。
渔翁撒网取人头，中下上揭左右抖。
点根点喉点首羞，滚绣球追他难走。
连环炮震地蛇游，锦缠头上风不透。
单凤朝阳暗刺人，一声雷起损肩肘。
无名异中更有玄，大闪三关拴龙手。
安排左右与前后，六甲图开万变有。

六甲图开万变有

阐释

六甲图：乃古代记载"气象物候"的方法，即"天干、地支、六十循环图"的简称。

天以阴阳分，故有"十天干"之说，即甲、乙、丙、丁、戊、己、庚、辛、壬、癸。

甲乙，木。丙丁，火。戊己，土。庚辛，金。壬癸，水。甲丙戊庚壬，属五阳；乙丁己辛癸，属五阴。此乃天气之象，乃天干配阴阳五行说。

地以刚柔论，故有"十二地支"之说，即子、丑、寅、卯、辰、巳、午、未、申、酉、戌、亥。

而五行的木、火、土、金、水，天地人皆应之。又指"时"说，又指"性"言，又指方位论，天干、地支皆遵之。此处不细论。应知"天人合一"亦出于此中。

天干、地支，乃排年、月、日、时的方法。先取天干之甲，配以地支之子，名曰甲子，为始。第二取天干之乙，配以地支之丑，名曰乙丑。依次类推，直至癸亥，则满六十之数。如以年计，乃"六十年一甲子"。

而"六甲"之说，是在这六十的周期中，有甲戌、甲申、甲午、甲辰、甲寅并起始之甲子，计为"六甲"也。

而"六甲图"就是这六十年一周期的甲子之简说。

六甲图开，此乃取古经书《奇门遁甲》中的说法。此书内容，以纲要言之，乃日辰、甲子、五子遁元、课式、直事、三奇、直符、八门、九宫、制局等。其内容无非是研究运用"六甲图"，以阐明"天、地、人、事、物"的方法、准则、规律及运用这些自然法则趋吉避凶。

六甲图开万变有，告诉修炼者要研究《奇门遁甲》中的学问，以此指导修炼及实际运用，则能攻守皆利，万般变化之理法皆在其中。《阴符经》有"万化生乎身"，手战之道的练用，万般的变化，皆在自身中出，亦是此意。

古史有黄帝得符而胜蚩尤之事，此符即"阴符经"。而"阴符经"的核心，就是"惟道是从"。

如果以"六甲图开万变有"之精义来认识七十二手用力之法所揭示的内涵，简略陈述如下：

建中立极为先行。

分辨阴阳动静按法精，人字架势两仪生。

浑化合一见真功，一元三玄无二法，三才顺逆神气形。

四德顺逆和化历尽，四象变化法则定枢纽。

五行中土不离位，进退顾盼定分明，健顺参半不离中。

六合体立自分明，形不破体悟得清。

七星动变何为准，曲化直发，时空统一知用中。

四正四隅八方变，奇正相生寓化功，八门进退攻防路，遁甲奇门任意攻。

立体九宫知者少，打破平庸立体生。攻防变化皆出此，认定玄门化诸法，心有灵犀一点通。

有形幻化自无形，打破藩篱入圣境。急则从神缓从门，法法奇妙乃十精。

复本还原虚灵境，大乘演就太极功。脱却凡胎道体成，无形无象无影踪。莫道空空真妙有，时到此处万法空。

此十二个内容，由始至终，不但是七十二手用力之法的精髓，亦是传统手战之道的真髓，还是"六甲图开万变有"的精髓。

炼步

题解

此节阐明了步式的命名，分为步式之练法和用法两项内容。用法又分为六个方面。至于各种步式的具体练法，在后面的"炼步解"中有详细的介绍。

步式的六个方面中都谈到"步眼"。步法乃一身攻防动变之根基，步法进退所到之位置，要看是否符合手法、身法的攻防变化之需要。符合者，谓之步法有眼，反之则谓无眼。步之有眼是步由心机所控，心明眼亮，步自然有眼，落位准确，心明眼亮乃听探之良知的内容。故知炼步之有眼，应从心机入手。

进中步眼：丁字步，飞步，前后剪步，左右钮步，斜飞步。

退中步眼：倒步，侧步，拉步，转步，连环步。

救急步眼：颠换步，行步，腾步，耸步。

退中进步眼：倒拉步，连环步，倒跴随步。

进中含退眼：斜圈步，斜跴步，斜飞连环步。

解乱应猝步眼：连环跃步，连环斜伏步。

进中步眼：丁字步，飞步，前后剪步，左右钮步，斜飞步

阐释

即前进击敌所运用的步式。

丁字步：分前丁步、后丁步。前丁步即前足横，后足顺的长马或短马弓箭步；后丁步乃后足横，前足顺的疾剪步。而此经

文所言的丁字步乃后丁步。此步式早见于《易筋经·贯气诀·论足》中。《交手法》解曰：发步时足跟先着地。陈氏太极拳法中亦有此步。然此经文所述之丁字步尚有数种之多，容"练步解"中阐释。

飞步：此即现时所名的疾步，又名长三步。按经文解释，又有纵步的意思。前足引路，后足随进而跟之。

前后剪步：即"前疾后剪"的"进前步后步跟进，退后步前步跟回"的疾剪步。

左右钮步：扭晃摇摆自身之步法，有单钮、双钮之分别。如马步架转坐盘架，坐盘架转马步架之起落势的变化，是足前掌着地，足跟提起的左右摇摆，也就是钮步。

斜飞步：即正步的斜向运使之法，名为斜飞步。横纵步法属此，斜行三角锚步亦是。

退中步眼：倒步，侧步，拉步，转步，连环步

阐释

即退守法中常用的步式。

倒步：即前足倒到后足之后的步法，又有后足倒到前足之前的运用。倒步有前倒步、后倒步的进退两种用法。

侧步：即侧身闪让平拉开的步法，有侧身平拉撤后步和侧身平拉撤前步的左右侧身之区别。身必随步侧转，为侧步。

拉步：乃左右平拉闪身的步法。有平拉前步和平拉后步的区别。拉步完成之始终，身不转向。此乃与侧步的区别处。

转步：以足前掌点地拧转，另一足出步到位，是名转步。然有单转、双转的区别。单转即一转一步到位。双转，乃一转一步到位，随即接拧转另一步到位。然单转也好，双转也好，又分为

掰脚和扣脚两种方法。

连环步：有"单步势连环"和"复步势连环"两种组合方法。如疾剪步的连进连退，为单步式连环。如倒步复加疾步之进退，为"复步势连环"。况且各种步式皆可连环而用，故连环步的组合之用种类繁多，而各家皆有独到之说法，各有妙用。

救急步眼：颠换步，行步，腾步，耸步

阐释

双方较技，难免瞬间处在危难险恶之处境，即无法施手用招、施招用手来化险为夷，必以步法方能全身而退。故有应急的步法备用，不可不知。

颠换步：乃变换节奏，紧急调整身法的步法。如齐步走时颠换步法，以顺从大家步法一致，此即颠换步。常用于紧急不可换势，以颠换步的步法即可化险为夷，如颠换步的二踢脚法就是一例。"换步震脚"亦是颠换步用法之一。

行步：此行步乃"马奔之步"也，亦为骤然疾行之步法也。转关过角全凭此步之功。

腾步：腾越而起，或进或退，又名直纵步、横纵步，具有"前进一丈，退后八尺"的功能。此又名"燕子三点水式之步法"。在器械格斗中，此腾步法有进击退守神速之妙，且有足跟运转之腾步，步行而不飞空之法。

耸步：耸者，高也，即腾空高起之步法也。常用于对手横扫腾足之时，耸起化解。此与腾步的区别是：耸步从高而腾，腾步从远之跃也。古有"拔步炮拳术套路"，乃练耸步之法的套路。亦可证此耸步之练用尔。

退中进步眼：倒拉步，连环步，倒跐随步

阐释

退必有进，乃"偏闪空费拔山力"，退在情理之中。"腾挪乘虚任意入"，退是为了进击对手，实现战胜对手的目的。"让，中不让，乃为佳"，退而必进，退乃有原则，持此方知进法之妙。"开去翻来何地立"，步法有眼，进去落步成招，哪有对方立身之地？跌翻乃自然而然之事了。

倒拉步：乃倒步之退，拉步而进，乃倒步、拉步的连环而用。

连环步：如拉步闪过，复疾步而进。或如"转步而退，复转步而进"的连环步，皆是"闪开正中定横中"之退中进取之法。

跐随步：倒步再加跐转步，复用随步跟进的步法。

进中含退步眼：斜圈步，斜跐步，斜飞连环步

阐释

进在有隙，无隙则退，此乃法则。进击之中，对手无隙而又反击，则必退而固守，方无险恶之劣势。此乃进中含退的步法之实际意义。此不可不知。

斜圈步：圈步者，掰扣之转步也。斜步者，疾剪步之斜向用也。斜步而进之，无隙，圈步以退之。故斜进要含有圈退之机。

斜跐步：跐者，尖着地，如小玩具"捻捻转"，即跐之意也。独足跐转，为跐步。

斜步而进，要与跐转退守之机相合，与斜圈步之意略同。

斜飞连环步：斜行之步进和飞步之退防的连环用法。

解乱应猝步眼：连环跃步，连环斜伏步

阐释

乱者，对手攻防节奏散乱，或数敌参差不齐共进。应付此猝然变化，常有防不胜防之虞，故有应此猝变之步眼。

连环跃步：乃用各种步式连环纵跃法解之。或连环斜闪，伏步化之。

连环斜伏步：伏步斜行，即伏身后蹬脚式用于步法中。

以上以六种用法，分别阐述了各种用法之中的步法。可以看出，步法之用各有侧重，而又有对待特殊局面的特定步法。故习传统手战之道者，皆应从全而习之，若想融会贯通，就应从简捷取之为用，也应结合本门宗技，方能法尽其用，扬长避短了。此经文所言之步法，具体应如何修炼，见下面的"炼步解"和"三十六宫跳步图说"便知。

炼步解

题解

此节论述了二十余种步法，和前面的"炼步"之说，有着明显的分别。"得非所求，成非所炼"，练和用所述的侧重点不同，然其因果关系却是一贯的。需要注意，在炼步和炼步解中间尚有一个环节，即三十六宫跳步图说。炼步解、三十六宫跳步图说、炼步三个环节，就是步法的练用系列内容了。

丁炼跛飞行剪随，钮伸悬倒迎点奇。
奔腾闪跨对跟步，转提并凝跐伏窥。

丁步：步直前，足尖点地，后足横实下，形如丁字。有掩裆丁、飞丁、半悬丁、左右伏丁、跨中、下锁、钮丁、立丁之别。其力活胫也。

炼步：二足相交，左在右边，右在左边，少停，身蹲臀折后努，胸平头直，两手如担物然，左右换之，其力活胯膝也。

跛步：左足尖点地，右足里边着地，右足尖点地，左足里边着地；哪边是尖，身向哪边提；或全用里边着地，或全用外边着地，皆身耸高起也。其力活胫筋也。

飞步：前足引路，后足随，务求灵稳，分进退横斜之别，形如飞鸟展翅，清轻气上提。其力活胯腰也。

行步：乃步中至灵猝者，尖动跟随，依地撇踭而行，进中退，退中含进。其力周身一贯，力注尖跟也。

剪步：前足先进，后足随之，有进退左右之别。其力在腰、胯、胫灵活也。

随步：退中步，左足后倒，右足随之，右倒左随，愈行愈速。其力活腰、胫也。

钮步：双足尖点地，双足跟摇摆；双足跟点地，双足尖左右摇摆。或前后起伏。其力活尖、掌、跟、胫、血脉也。

伸步：足前起后起，左起右起，身腾伏无定止。其力舒跟、足尖、胯、胫之筋也。

悬步：睡中工夫，左腿横平着地，裆直而开，右折身，头枕右足尖；后半夜，右腿平着地如之，照炼三年。其力筋永不抽回也。

倒步：用柳木杆子埋住，常将一腿直立柱跟，一腿依杆直立，左右换用，每四刻，以一时为度。每三次，炼至十年。腿自伸屈如手。其力灵活持准如手也。

点步：式如骑马，二足尖点地，腰前弓，头提肩松，立一时许，左足尖点地，自右向前向直出，右换如之。其力长筋提气，过三十六日则稳，过百日则灵，过三百日则行如飞也。

迎步：乃暗步前移，生生不息，纵横如意。其力炼灵活力也。

奇步：乃左右锁裆，前后进退，以手随之，炼超力也。其力炼超力也。

奔步：足尖点地来回行，前行进步，后行退步，旋转行之，有左右之别。其力炼遁快之力也。

腾步：足跟点地，前后左右进退环转行。其力贯周身也。

闪步：只一跟点地，旋转如飞，急稳为要。其力清头火、长跟力超远也。

跨步：左腿半悬，头依左腿里面，右腿直立，右换如之。其力习自然也。

对跟步：两足跟相对，尖点地，一起一落，或对跟立住，前后左右跳。其力炼胫膝力也。

转步：单转者，一足尖点地，一腿半悬，立者尖点地，左右换用。其力长尖胫力也。

凝步：静坐凝神于泥丸，存气于中田，存精于下田，普照周身，此坐中灵神之学步。

跄步：前手撑，后手勾平相趁，足尖用力，翻腰折臀努。其力壮骨髓也。

伏步：左足尖点地，右腿后起登平，身前伏，目前视，两手平担，右换如之。其力长尖胫力也。

窥步：随意跳跃，形神无力，九合演之，法备以应猝不乱。无论地势宽窄、长短、横斜、奇正，变化裕如也。

丁步：步直前，足尖点地，后足横实下，形如丁字。有

掩裆丁、飞丁、半悬丁、左右伏丁、跨中、下锁、钮丁、立丁
之别。其力活胫也

阐释

步前直，足尖点地，后足横下，形如丁字，乃后丁字步，常
用于正门的扑击、侧式的捋带、边门的用手和内外门的靠击。可
为各种步法之母式。后丁步的前足尖点地，是虚步式。用此后丁
步时，后足之后跟与前足之外缘成直线，后足和前足成直角。

掩裆丁：此乃前丁步，即前足横，后足顺，又名长马弓箭
步，亦可短马而用。因为前足横落而有掩裆的作用。此步法的前
足有勾法的运用，可单管、双管对方的足。如歌诀"承手牵来将
次颠，用脚一勾边自然。足指妙在勾身用，微微一缩望天掀"，
于中足见步法的前丁后顺之妙用。

半悬丁：后足横而立身，前足顺而提起，悬空而复落。提
而悬空，可有伸足的踢蹬踏跺之用，又可用膝击。半悬步是提足
化解对手下盘攻击的主要步法，故又名提，乃破对手勾踢蹬跺之
法。对手勾踢时，我足虚悬，半悬步由此而名。而半悬步之虚足
未悬起之时，又可做探步之用，即探对手虚实的前后左右摆动。
此乃横丁之足为实，顺直之足为虚悬而不离地。亦名半悬步，实
则为静为定，虚则为动为悬。

左右伏丁：即左右足两侧的伏身丁字步，蹲伏身的矮架丁
步，如"海底针"式。或侧身的左右伏丁，如"金丝倒挂勾"式。

跨中：乃丁字步的"右足内跨到左足前"和"左足内跨到
右足前"的变步之法式。当"右足内跨到左足前，左足随即倒向
右足前，自成右丁步；当左足内跨到右足前，右足随即倒向左足
前，自成左丁步。此乃"跨丁"步变式的作用。

下锁：此乃丁字步的用法。锁者，虚足锁，管对方双足之法。

此乃区别"上锁对方双手臂"的锁法而说的。锁有坠、跪、勾、跐等内容。由此可知，习步法之时，有的已含攻防技法在内了。

钮丁：此有两解，一是如左横右顺的丁步，将右足内扣，左足左掰，立时成为右横左顺的丁步。左右如之。二是如正骑马步，双足跟稍抬起，双足前掌辗转，可成左右坐盘式的反丁步，再钮转又可复原成正骑马式。

立丁：由矮式的伏丁、下锁、坐盘丁步，形成的长身之丁字步，可名立丁。而单腿独立的另一腿之顺步踢、踩脚，亦又名立丁。

上面论说了各种丁步，有九种之多（缺"飞丁"之法）。简言之，丁步练法可以活胫。然周身一以贯之，何能独练胫骨的灵活、坚固？其必然存在全身皆可灵活变化的习练方法，重在腰、胯、膝、踝、足、掌、指各关节筋脉的坚融灵活，又可使一身气血通活的作用。下之所述，皆此意也。

炼步：二足相交，左在右边，右在左边，少停，身蹲臀折后努，胸平头直，两手如担物然，左右换之，其力活胯膝也

阐释

二足相交，有左在右边，有右在左边。方法有二，一是左足从右前面过而在右足的右边落定，右足从左足前面过而在左足的左边落定。此名盖步，又名"挤步"。二是左足从右足后面过而在右足的右边落定；右足从左足的后面过而在左足的左边落定。此名插步。按炼步说法，此两种二足相交法皆为炼步。

少停指二足相交，左在右边，右在左边。落定后，少停一会，此时要身蹲，即伏身而坐，其要领是"臀折后努"。

臀折乃从腰至会阴的向下向前向上的折。而后努是指臀部向前向下向上，此中包括了骨节开张的调整方向。有句拳诀"逼胯

以坚膝", 这逼胯说的就是后逼前的方法, 也同时说明了努之内涵。

胸平头直: 如果臀向后折, 胸不能平, 头亦不能直立。这说明"炼步的身蹲臀折后努, 胸平头直"仍然是立身中正安舒之态势。

两手如担物然: 这又可证明炼步的身蹲臀折后努, 胸平头直的立身中正安舒之态势, 还要两手同时一前一后伸展, 前手虎口向上, 后手虎口向下, 皆如稳握筐绳一般。又同炼步的左右换之一般, 前后手亦换之。

炼步, 有活胯、活膝的效果。

跛步: 左足尖点地, 右足里边着地, 右足尖点地, 左足里边着地; 哪边是尖, 身向哪边提; 或全用里边着地, 或全用外边着地, 皆身竿高起也。其力活胫筋也

阐释

此跛步, 即"拐子脚""瘸子步"。此步有左右摇摆, 前俯后仰的闪化转换, 进退攻防之作用。此经文所说确为真传, 应依法练之。跛步有灵活足、踝、胫之筋的妙用。

飞步: 前足引路, 后足随, 务求灵稳, 分进退横斜之别, 形如飞鸟展翅, 清轻气上提。其力活胯腰也

阐释

飞步即"竖身纵步""横身纵步"。古拳论中的"前纵一丈, 后退八尺"之谓。前进时先进后步, 前足腾跃而起, 在空中前足超过后足为剪, 落时仍成原步式; 后退时先退前步, 后足腾跃而起, 在空中后足超过前足为剪, 落地仍成原步式。斜纵步亦如是法。各种纵剪步法, 皆须双手摆动以助纵剪之势, 故其外形在空

中有如小鸟展翅一般，清轻气上提，整个纵剪步法的过程轻灵敏捷，挥洒自如，方见功夫。其能活腰胯，利于双步的弹跳、剪换。

> 行步：乃步中至灵猝者，尖动跟随，依地撤跷而行，进中退，退中含进。其力周身一贯，力注尖跟也

阐释

此乃转关、过角之步法，在步法中动作微小，但灵活突然，全凭足前掌的抽撒、跷转而变换转化攻防之式；或以足跟的掰扣跷转、抽撒而变换转化攻防之式。尖动跟随，跟动尖随，二法皆行。但必依地撤跷而行，方是行步。此行步进中有退，退中含进，有应付突然变化之妙用，是步法中容易忽略的方法。能得心应手运用行步者，必须"上下相随，周身一气贯之"，必须意力能贯注足尖足跟方可。

> 剪步：前足先进，后足随之，有进退左右之别。其力在腰、胯、胫灵活也

阐释

剪步，全名疾剪步。前进先进前足，后足跟进；后退先退后足，前足跟回。进退皆从近处着眼，故曰疾；双步足如剪刀，一动一随而成之，故曰剪。

剪步有高式、中式、低式之分，然高中低的劲力所用稍有区别。高式步以胯劲为主，又在于足，以裆劲为辅。中式步胯裆劲互并，又在于胁。下式步以裆劲为主，又在于背，以胯劲为佐。炼剪步，可有灵活腰、胯、胫的作用。

随步：退中步，左足后倒，右足随之，右倒左随，愈行愈速。其力活腰、胫也

阐释

随步，即"倒步加一随步"。倒者，倒换之倒。随者，跟随之随。如左足前，右足后的丁步站式，左足倒向撤回到右足后，右足随之撤回半步，成右足前左足后的丁步站式。如前进则后足倒在前足前，原前步随进。此进退两法，合称为玉环步。如随步之练，可灵活腰、胫。

钮步：双足尖点地，双足跟摇摆；双足跟点地，双足尖左右摇摆。或前后起伏。其力活尖、掌、跟、胫、血脉也

阐释

此乃钮拧之步。双足掌着地，双跟摇摆钮拧转成坐盘式。右拧成右坐盘，左拧成左坐盘。双足跟点地，双尖左右摇摆拧转而成掰扣步。或前起后伏、前伏后起的左右行走向的八字钮步法，皆是。钮步有活足尖、足跟、掌、踝、胫及活血脉的效用。

伸步：足前起后起，左起右起，身腾伏无定止。其力舒跟、足尖、胯、胫之筋也

阐释

此伸乃伸出之意，有前起前伸，后起后伸，左起左伸，右起右伸，有身子腾空而起之伸，有伏身而伸。这是没有一定的。如前点脚，后蹬脚，左右侧的踹脚，此又是步法，又是攻防技法。但皆能舒展足跟、足尖、踝、胫、胯之筋。

悬步：睡中工夫，左腿横平着地，裆直而开，右折身，头枕右足尖；后半夜，右腿平着地如之，照炼三年。其力筋永不抽回也

阐释

悬步，即现在所言的劈叉之法。劈叉坐地有横叉、竖叉、元宝叉的分别。此竖叉法，裆直而开可证之。如左腿前、右腿后，劈叉落地而坐，头枕左足尖；反之，右腿前、左腿后、劈叉落地坐，头枕右足尖，分前后半夜。照练三年，其筋永不回抽。此乃说童子时的练功方法。形体功夫之苦，在此展示无遗。

倒步：用柳木杆子埋住，常将一腿直立柱跟，一腿依杆直立，左右换用，每四刻，以一时为度。每三次，炼至十年。腿自伸屈如手。其力灵活持准如手也

阐释

此乃依柱劈叉法。传统练法有朝天蹬、分正式（乃此文所言之法）、侧式，亦有"倒踢紫金冠"的后式。正式踢腿法，脚尖踢到前额眉尖部位的称高腿，功夫浅。脚尖踢到下颌部位的名寸腿，功夫深而纯。会此功夫者，可使穿堂脚法，亦称穿心腿法。每腿之站立，四刻钟，即一个小时。两腿各一次，乃一个时辰，即两个小时。每日练三次，练至十年，腿自伸屈如手，灵活如手，有准头矣。

点步：式如骑马，二足尖点地，腰前弓，头提肩松，立一时许，左足尖点地，自右向前向直出，右换如之。其力长筋提气，过三十六日则稳，过百日则灵，过三百日则行如飞也

阐释

此乃马步站架，可高马步架，可矮马步架，二足尖点地，即足前掌着地。腰前弓，即松腰坐胯。头提，即虚领顶劲的顶头悬。肩松，即松肩。立一时许，立一个时辰左右，按现时说法换算，乃两个小时左右。此乃形体桩功。

然后，右足前掌着地，落实，左足尖点地，虚步依地划行，向右向前直出划回原地。再左足前掌着地，落实，右足尖点地，虚步依地划行，向左向前直出划回原地。其可长筋、提气，活胯、膝、胫、踝，坚固足、胫。

依法过三十六日则立身稳健，虚步松活；过百日则灵活；过三百日则足下犹如生风而空灵。故曰行如飞，乃行如不行之意，不行而行之中，故以飞喻之。

迎步：乃暗步前移，生生不息，纵横如意。其力炼灵活力也

阐释

暗步前移，此乃偷步、奸步之意也。偷步者，需要在有意无意之间，点步、抵步、站步皆从此出。奸步者，乃迈开之意。所谓"让，中不让"也。故此暗步，乃具步法生生不息，纵横变化如意之妙。故曰，其有练灵活力的妙处。因此步有"迎式而用"之意。故曰迎步。

奇步：乃左右锁裆，前后进退，以手随之，炼超力也。其力炼超力也

阐释

奇步，乃顺步法的手随之而成的步法。双足平立稍比肩宽，

右足踏实，左足并于右足内侧，足尖点地，左手护裆，右手上拦。接之，左足前出一步，同时左手虎口向前上抄起。同时右手下落，到位时左足着地踏实，左手呈上拦势，右足跟上并于左足内侧，脚尖点地同时下落的右手护裆，虎口向前，左手呈上拦式。继之右足前出一步，同时右手虎口向前上抄起，同时左手下落势。到位时则右足着地踏实，右手呈上拦势，左足跟上并于右足内侧，足尖点地，同时左手下落护裆。这样周而复始练去，为奇步。

超力之说，乃言抄对手之腿法，即破解对手踢击的抄手能力。

奔步：足尖点地来回行，前行进步，后行退步，旋转行之，有左右之别。其力炼遁快之力也

阐释

奔步，奔跑之奔。足尖点地，指足前掌着地之法。前行，后退，左右拧转行之。炼遁快之力，是指此步法能闪遁，又能疾快而进击。

腾步：足跟点地，前后左右进退环转行。其力贯周身也

阐释

与奔步相对应，一用足尖，一用足跟。前进、后退、左腾、右挪、单转、双转，足跟着地。由于力贯上下周身，运用起来犹如蛟龙，变化无穷无尽，故而本经文列为救急之步法。

闪步：只一跟点地，旋转如飞，急稳为要。其力清头火、长跟力超远也

阐释

闪步，讲只一跟点地，而能旋转如飞，说明另一足为虚步。此足跟点地，旋转如飞之式，以疾急而又稳妥为要点。

跨步：左腿半悬，头依左腿里面，右腿直立，右换如之。其力习自然也

阐释

此跨步炼法，内藏膝提，膝提上达肩齐。半悬，是膝提足垂之式，谓之半悬。此法练开胯，具有上用膝击之妙。头依左腿里面，必稍俯身方能为之。右换如之，乃左右腿交换而炼之，要达到自然而然为止。

对跟步：两足跟相对，尖点地，一起一落，或对跟立住，前后左右跳。其力炼胫膝力也

阐释

此对跟步有"八"字对跟和"一"字对跟两法。一起一落，可炼足掌、足踝。如对跟立住，前后左右跳动，其力炼胫、膝之提力也。

转步：单转者，一足尖点地，一腿半悬，立者尖点地，左右换用。其力长尖胫力也

阐释

此转步乃一足实，另一足虚悬，通过转动而寻落地之位。可有各种角度的选择，到位落地成实足，另一腿提起半悬，再寻落

地之位。此循环做去，便可成为双转步式。其长尖、胫之力，做到步法随意而灵动，正反皆然。

凝步：静坐凝神于泥丸，存气于中田，存精于下田，普照周身，此坐中灵神之学步

阐释

此乃默炼之法。存神于下田，会阴也。存气于中田，丹田也。凝神于泥丸，普照周身，以默视步之法式，思虑如何做之更佳。此乃坐中灵神之学步。不单学步如此，身法、手法、攻防招法，皆可如此学之。修炼传统手战之道能获此功法，能以此功法而修者，是为上乘之法。

跐步：前手撑，后手勾平相趁，足尖用力，翻腰折臀努。其力壮骨髓也

阐释

跐步即跐行步，前手撑，后手勾平，相趁，起跐行中有手法前推后摘之用，步法以前足掌后跐而身前行，双足交换跐而前行、斜行。一般多中盘下式。跐步多下肢运动，胯上稳健，用意收提，神贯顶，故有壮骨强髓，使下肢灵活敏捷之效果。

伏步：左足尖点地，右腿后起登平，身前伏，目前视，两手平担，右换如之。其力长尖胫力也

阐释

此乃现时所说的俯身十字平衡，亦名伏身后蹬脚。练时左右

187

互换。

　　窥步：随意跳跃，形神无力，九合演之，法备以应猝不乱。无论地势宽窄、长短、横斜、奇正，变化裕如也

阐释

　　窥步，就是视地势宽窄、长短、横斜，皆随地就势的跳跃。形神不要预先用力而要轻松自如，以自身奇正变化跃过所有地段。此法是练步法的应猝不乱之技能，即就地用势，势为我所能用。九合演之，外有九地，身有九节，变身法以过九地，谓之九合演之。可知此窥步乃就势用势之练法，又是练步法、身法协调统一能力之妙法。

　　补：本经文提出了提步、并步，却忽略了练法的讲解。笔者于此补充说明，以求其全。

　　提步：一足实立，一足虚提，实足踝拧转身形，虚足落地。再复起，实足踝拧转身形，虚足落地踏实。另一足提起，重复做之。实足踝可有里外拧转，虚足提起随身法里外拧转，而有里外落之不同点位。此法练足踝拧转灵活能力和虚足落地准确之能力。

　　并步：一足实，一足并之，此步亦名堆步。如前足进步，后足跟并之；后足撤步，前足跟回并之；左足平拉开落实，右足则跟随而并之；右足平拉开落实，左足则跟随而并之。所并之步皆为虚步。而并步又有随即出步之用，可成各种步法之用。并步又有随势突然落实的垫换步之用。震脚多由并步而成之。

　　"炼步解"所言步法之多，练法之细，可谓明矣！然传统手战之道的步法之练用，难能求全，但可同化而周之。此经文之练功顺序，从"炼步解"的单项练习开始，至娴熟以后，还要以

"三十六宫跳步图说"进行步法、身法、剑法的三合一之练习方能至用。

三十六宫跳步图式

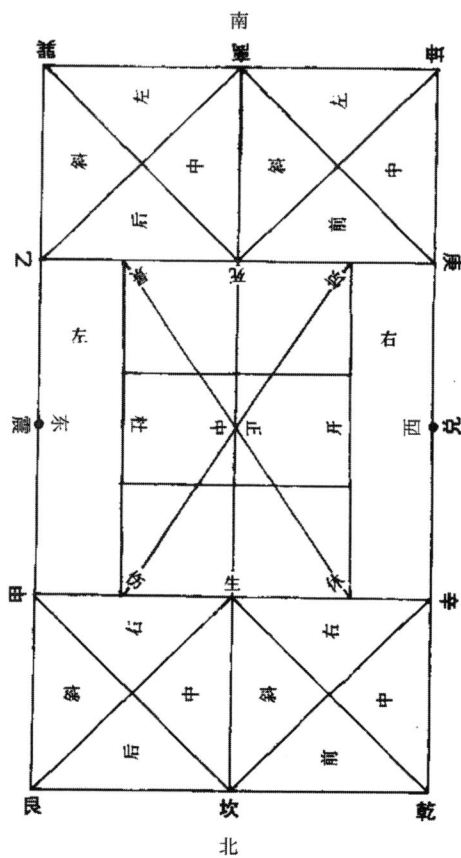

阐释

大方位，以上南、下北、左东、右西为最外，确定了四面的最大范围，属于四方定位。

又以八卦的乾、坎、艮、震、巽、离、坤、兑与东、西、南、北相合，按八卦方位定四正方的坎北、震东、离南、兑西和四隅方的乾西北、艮东北、巽东南、坤西南。此乃依后天八卦图的定位法。

其图由北向南分为三段，以象征地才、人才、天才。左用天干的甲、乙为点位，右用天干的庚、辛为点位，将人才与天地才段位接连位置做了定位划分。

中间段的人才部位，又以八阵图的方式，定了八个点位。开门在正西，休门在西北，生门在正北，伤门在东北，杜门在正东，景门在东南，死门在正南，惊门在西南，再加上正中，乃大图中的小九宫图。

大图中坎北离南为子午中线，正中即天心、中心位置。此中心位置，乃图中大小之中心，即四正四隅之中心。

在人才八门中又有两条横线，此乃将八门按北南向分为地、人、天三才。

在八门中有休景对角线，惊伤对角线，对角线交叉。而在"乾坎生辛，坎艮甲生，乙巽离死，死离坤庚"的四个方块中又各有两条对角线，各形成了"四象"。而四角加中心点，乃呈现了"五花心"的五行图式。

这个图，为一太极，左右分为两仪，上中下乃成三才，对角线呈四象，加中心则呈"五花心"的五行图，三而两之则成六合。一六相加乃是七星，八卦寓在其中，四正四隅便是，八卦加中，乃九宫之图式。

三十六宫，乃八卦的阴阳爻之总数三十六，又暗扣"阳成于九""阴起于四"。始终练之数三十六，故以三十六定为图式步数，此中并无他义。但以此图练"九宫三十六式"的剑法，有久传不失真的特点，因为这可从"三十六宫跳步图说"中得到印证。

此图点位名称不变，跳步图说不变，九宫三十六式的招式名称不变。这三个不变而从一，则不失真矣！此乃前贤立论阐释的精妙之处。

此法符合后面的前、后、左、右各九宫，计三十六式，前、中、后合为三十六式这样的说法。

图式解说至此，随后文之意再行解之。

三十六宫跳步图说

其法：

立西向东，从开门起，第一步；

立开门，左转身面西，退跳至杜，第二步；

立杜，右转身面东，退归正中，第三步；

立正中，右转身面南，退跳至伤门，第四步；

立伤门，左转身面北，退跳至死门，第五步；

立死门，左转身面东，横跳至正中，第六步；

立正中，左半转身，面北，斜跳至景，第七步；

立景，右转身对景，斜退跳至生门，第八步；

立生门，斜进跳至正中，第九步；

立正中，左转身，斜退跳至惊，第十步；

立惊门，右转身，斜退跳至休，第十一步；

立休门，右转身向惊，斜进跳至正中，第十二步；

立正中，右半转身，向西，直跳至开门，第十三步；

立开门，直跳至兑，第十四步；

立兑门，左转身面东，横跳至庚，第十五步；

立庚，斜进跳至离，第十六步；

立离，斜退归左前斜中，第十七步；

立左，前斜中，左转身，斜退至坤，第十八步；

立坤，斜退跳至死，第十九步；

立死门，斜直跳归左前斜中，第二十步；

立左前斜中，面东直跳之，归左后斜中，第二十一步；

立左后斜中，右转身斜退至巽，第二十二步；

立巽面乾，斜横跳至乙，第二十三步；

立乙，横跳至震，第二十四步；

立震，横跳至甲，第二十五步；

立甲，横跳至艮，第二十六步；

立艮，左转身，斜退跳至归右后斜中，第二十七步；

立右后斜中，右转身，斜退跳至甲，第二十八步；

立甲，斜退跳至坎，第二十九步；

立坎，左转身斜退跳至辛，第三十步；

立辛，斜进跳之归右前斜中，第三十一步；

立右前斜中，左转身斜退跳至伤，第三十二步；

立伤，右转身，斜退跳至右前斜中，第三十三步；

立右前斜中，进跳至乾，第三十四步；

立乾，斜进跳至巽，斜由巽斜跳归中正，第三十五步；

立正中，斜进跳至艮，由艮进跳至坤，由坤斜进跳归正中，第三十六步。

阐释

一般所见综合步法之练法，有九宫步法图一说，乃按《洛书》的九宫法格式，立九根杆子，环绕而行，效果颇佳。此三十六宫跳步图，较之九宫步法图内容更为丰富。其从开门始，经过三十六步法的直、斜、横、转、进、退及行走、纵跃、腾挪诸法，将所有步法融汇在其中，直至归正中而终，确属练步法之精品。

此三十六宫跳步图说，要求习者按规定线路连续完成三十六步法，纵横往来，缓急有度，旨在使各种步法相互转化通顺而畅达，久习必能步从心生，步步有眼，转换变化轻灵敏捷。

此图亦可加入拳法攻防变化而练之。上练手法攻防招法的变化，中练身法转换变化，下练步法进退腾挪。手法、身法、步法，三法合一而修。

进一步乃持剑按此图操练三十六式剑法，一步一式、步式互根、步步相生、式式相连。这是在每式剑法单操基础上的演练，有攻防功夫随机应变之机制的修炼在其中。

在三十六式剑法修炼纯熟以后，还可以此三十六宫跳步图说，修炼七十二手用力之法。这样，每步两手，练习的内容丰富，颇多修炼之趣味。此乃练己、知己功夫的修炼。

此乃综合练习手法、身法、步法、剑法、眼法而归"一体""一用"的最终阶段。如有一处不合、一式不合，皆在单操中强化。此单项操练，练眼、手、身、步、剑法、剑式及浑元剑法知己的全部内容。

练招解

题解

招与式的关系，乃大小母子关系，故曰"招乃式之枝叶"。式不能直接运用，必细翻成招法方可。每个招法，都要千百次的演习，功无间断，则累积而招式俱备，而至不期然而然之艺境，则"式备则步随，步随则法得"。

不要为练招而练招，要从体而至用，将所有攻防之剑招用法，融化到以"听探之良知"，用"顺化之良能"这一攻防机制中来，融汇到驭静以动、动中亦静的基本法则中，上升到式的运用中来理解。这样提纲挈领地认知、理解、掌握练招的概念，就是"以融化法融化"之精义。

初期修炼乃从简易渐至繁难，而此练招是由繁难中提炼简约易为。得此则身灵眼清明，自能出手如闪电，冠群英而称巨擘矣。

此段"练招解"是在自己单独操练攻防招法和与陪练者进行喂手、盘较之前的文字，旨在说明修炼攻防招法的方法、目的，以及提高、升华攻防招法的方法、准则。故在论述清楚以后，又具体分析了在喂手、盘较的训练中应如何处理"十二条"的内容，下面逐条阐释清楚。

夫招乃式之枝叶，非千百演习，难得其精。能功无间断，则招全式备。式备则步随，步随则得法。以融化法融化，则身灵眼清明。眼清明，然后出手如闪电，如可论胜负。分清明冠群英，以称巨擘也。

长者，兵刃长，地势阔，大进退无窘步之失。若地势短，当用缩法，方不为猛刃所害也。

短者，兵刃短，地势窄，只可因地用招，用人设计也。

行者，声影相随，身无定形，足稳剑灵活也。

飞者，并足转跐，进退回环如意也。

立者，左就右，右就左，前后皆然，救急攻守之用也。

剪者，舒缓自然，精神团结无定招，因机致变也。

侵者，近也，乃己之身式。己入敌境，当稳准自如，慎中加慎也。

凌者，是兵刃伤人，比侵者更甚。己既损人，当防人损。进退之中，尤必加些小心，庶防不疏呆、致其害也。

围者，乃我孤人众，进攻当封目损羞，退守则从高低两路走可也。

跳者，连环颠换步，亦当单习也。

跃者，双足并住自然拔起，乃避刃与棍自下而来者之用。当平时一使一跃，愈快愈加快，非性善者，勿与对演也。

腾者，展转足似离地，似战非战也。尤必于子午二时，踏罡吞正气，持南北二斗讳，以招外灵通内完。当静坐时许，再如意演习，跳跃一时一度。飞罡式列后，踏时当照形画像铺地，罡头向东，步者纵西向东，起踏一步，持默诵罡文一句。

长者，兵刃长，地势阔，大进退无窘步之失。若地势短，当用缩法，方不为猛刃所害也

阐释

我持三尺之剑，面对长枪、大戟、长矛，且地势又宽阔，我以大步进退闪展腾挪法，可避步法困窘之失。若地势短，则当用小架偏闪腾挪之骨法，方不为猛刃所害。

短者，兵刃短，地势窄，只可因地用招，因人设计也

阐释

对手使用短刀、短剑、匕首等短兵刃，地势又狭窄，而我手持三尺长剑，优势在彼一方，我必因地势而选择巧妙之招法了。同时也要因对手的情况而暗设谋略。如我守我疆、攻其必救、指上打下、声东击西、乱其方寸、紧依内门等，以保无虞。

行者，声影相随，身无定形，足稳剑灵活也

阐释

行者，行使之行。兵器的长短，地势的宽窄，皆能胜之，行使的是什么法则？乃以自身听探之良知运用顺化之良能，顺随为法，以柔用刚，可因时因地因人，随机用势，故能与对手形影相随。我身无一定之形，但足步稳健，剑法灵活，势势皆能与彼之机势相合，此乃因时致变，因力制人之妙法。

飞者，并足转跷，进退回环如意也

阐释

飞，乃轻灵升举且疾快之义。而此"并足转跷，进退回环如意"的说法，也就存有两种意思。一是说自身内的"十三含"之内容，皆并足转跷，故进退回环如意也。又有"十三随"贯串其中，方能如此流畅，此乃"身能从心"的"由己"之功夫。二是说"由己仍是从人"，顺随施招用手，方能与对手声影相随，并足转跷，虽身无定形，但足稳剑活，故能进退回环如意。此乃从人则活。能从人，手上便有分寸，称彼劲之大小，分厘不错；权彼来之长短，丝毫无差。故前进后退，处处恰合，技弥精者如是，乃飞者之含义。"并足转跷"之说，突出了一身动变根基"足"的重要性。

立者，左就右，右就左，前后皆然，救急攻守之用也

阐释

立者，乃双方较技的"立身站位"之意。手战之道交手，皆

讲求就近取势站位。如对手右步在前，左足在后，我就左步在前，右步在后，就近而进，反之亦然。此即"左就右，右就左"之精义。

何言"救急攻守之用也"？即此种站位的步法，可就近进招击打对手，因为只注意对手的膊根就可以了。此乃闪门之法。此法与明清时期的《易筋经·贯气诀》和《心意拳谱·交手法》所见略同，故可信之。

剪者，舒缓自然，精神团结无定招，因机致变也

阐释

剪者，剪法也，步法有剪步，肩胯皆有夹剪之势，体现在手法、身法、步法三法合一之攻防势之中。前贤就是这样认识剪法的，并极为重视剪法普遍存在的这一特点，提出了运用法则为"舒缓自然，精神团结无定招，因机致变也"。

精神团结无定招，即内气、外形的虚实相须，错综变化，内外一贯，但没有一定的招法，皆是因机致变。虽无定招，但每招又有一定之规矩。

何谓舒缓自然？即外形柔若无骨，内气健运不息，柔外刚中匹配如一。一切攻防招法，皆如是法，不独剪法才有如此之说。

侵者，近也，乃己之身式。己入敌境，当稳准自如，慎中加慎也

阐释

所谓己入敌境，即身式进入对方手的控制范围。敌境有内外

远近之别，对方手之外为外门，对方手之内为内门，对方肘的控制范围，外为外二门。内为内二门。肩为内门，又名三门，亦分内外。至此处乃深入敌境了。

凌者，是兵刃伤人，比侵者更甚。己既损人，当防人损。进退之中，尤必加些小心，庶防不疏呆、致其害也

阐释

凌即是"兵刃伤人"，当然比只是进入敌境的侵更甚。己既然以兵刃损伤了对手，就须防备对方伤害自己。在攻防进退之中，尤必加些小心，即伤人而不为人所伤。这就要攻不忘守，是为不疏忽；守不忘攻，是为不呆滞。攻中有守，守中有攻，攻守同时存在，相互转化，自然就不疏忽也不呆滞了。

围者，乃我孤人众，进攻当封目损羞，退守则从高低两路走可也

阐释

我处在众人包围之中，我孤人众，夺路而走为上策。进攻时可封其眼目，或伤其下阴，此乃拳法中拼命的招数，拳谚"上打咽喉下打阴"与之相近。

跳者，连环颠换步，亦当单习也

阐释

单足为跳，此连环颠换步，就是直纵步和横纵步的连环运用。此纵步能前进一丈，后退八尺，横斜进退无不如此。然此纵

步法要运用精熟，非常吃功夫，故需单练至精熟，方能随心所欲，纵跳自然。

跃者，双足并住自然拔起，乃避刃与棍自下而来者之用。当平时一使一跃，愈快愈加快，非性善者，勿与对演也

阐释

双足并住自然拔起为跃，乃用来避刃与棍自下而扫来。平时操练、自练可以跳绳来练习拔起跳跃之能力。如与陪练者操练，可于陪练持棍扫击足踝时跃起，其来回扫则随即跃起闪过。可让陪练者越扫越快，自己随之越跃越快。此种练法，陪练非性善之人，不可与之演练也。

腾者，展转足似离地，似战非战也。尤必于子午二时，踏罡吞正气，持南北二斗讳，以招外灵通内完。当静坐时许，再如意演习，跳跃一时一度。飞罡式列后，踏时当照形画像铺地，罡头向东，步者纵西向东，起踏一步，持默诵罡文一句

阐释

此腾者，前后左右进退环转行，足似离地，似战非战。所谓似战非战，即不单是练步法，还要有身法、手法在其中。此腾者乃遵循踏罡、步罡之说法，因其有飞罡式一图。而此飞罡式图，乃继三十六宫跳步图式后，又一种练步法和招法之图式。

飞罡式图

阐释

飞罡式图的来源：

前贤将古代天文学三垣二十八宿体系中的部分星象位置作为飞罡式图象，以练步、练招法攻防。这就是飞罡式图象的来源。

三垣二十八宿的具体情况如下。

三垣：指北天极周围的紫微垣、太微垣、天市垣，每垣中又有众多星体，构成了北天极的天象。

二十八宿：古人选定周天在赤道附近的恒星，共计二十八个恒星体系，称二十八宿，并按四个象限（也称四宫）分开各含七宿。

东方苍龙之象，包括：角、亢、氐、房、心、尾、箕。

南方朱雀之象，包括：井、鬼、柳、星、张、翼、轸。

西方白虎之象，包括：奎、娄、胃、昴、毕、觜、参。

北方玄武之象，包括：斗、牛、女、虚、危、室、壁。

而每宿之中又有众多的恒星体，构成了二十八宿的恒星体系。

飞罡式图是取自北方玄武七宿中的斗、牛二宿，经加减而成之。从飞罡式图的立意分析，整个图似一个人的形象，有头、颈、肩臂、胸、腹、丹田气海、腿、足。再根据天清咒的"斗君临吾上，罡将居正中，火龙潜吾下，先天祖炁入坎离，腹若雷鸣遍太虚，雷公电母居吾中黄庭，阴阳五行交互生"，两者结合来分析，不单有内功修炼和外功修炼，还要有内外功合练。而在内外功合练的功法中，有步法、身法、手法的攻防招法修炼的内容，这些都是为了实战的需要而修炼，但同时要符合天道理法。这就是天罡式图给予修炼传统手战之道者的提示。要按道修炼，惟道是从，符合攻防之道者是，背道而施者非。此即外遵天道，内顺自身的内外统一的修炼传统手战之道的法则。只有如此修炼，方能超凡入圣，终得正果。

此图强调修炼踏罡的飞腾法，必须选在子时和午时。踏罡练功时应当照图画像，罡头向东，步者纵西向东，始终面朝东。起踏一步，默咏罡文一句，平心静气，志一凝神，务以意会。此即踏罡练功法的精旨妙义。

飞罡文

题解

"飞罡文"三个字，飞字乃指"飞腾者，丹田呼吸之间"，罡字就是内气。文者，修炼内气功夫的口诀、真言、功法等内容。而此踏罡步斗的修炼方法，无非就是"炼形而能坚，炼精而能实，炼气而能壮，炼神而能飞。固形气以为纵横之本，萃精神以为飞腾之基。故形气盛而能纵横，精神敛而能飞腾"的修炼神、气、形的功夫和三者浑化归一的建体以及一而三之云玄的至用功夫而已。欲要明白"飞罡文"所述内容之精义，还得逐句地阐释。

扫除不详，普渡仙航。梯天超海，如遁如藏。呼灵虚位，遣役诸方，雷霆霹雳，如掣电光。干支造化，灵集中央，阴阳五行，周天在握。日精月华，吞入丹舍。探取天根，真息生春。玄黄浑合，遍体更新。筋骨皮肉，来复乾坤。助道助法，赐我灵真。绵绵大力，默默通神。北七南六，随在护临。急早送灵来，急早送灵来。哗吽吽，嘿哈臻。

扫除不详，普渡仙航

阐释

首先言明，此踏罡步斗的练功方法，是"去其害生机者"的根本方法，可扫除体内诸般邪秽，可谓脱凡胎而入圣境的航船。

梯天超海，如遁如藏

阐释

此踏罡步斗的练功方法，即脱凡入圣的登天梯、渡海舟。可这登天梯、渡海舟只是一种借喻的说法，看又看不到，摸又摸不着。故曰："如遁如藏。"传统的健身练功之方法，正如我所言，本是"千古无形一法门，自有师承洒人间"。然传统的健身方法，确实有其系统之方法、证验之手段。其内容如何？看后文前贤之论述，便可了然。

呼灵虚位，遣役诸方，雷霆霹雳，如掣电光

阐释

灵虚位，即以呼为补的气沉丹田之系列功法。"道本虚无生一气"，正是地户乾宫之所在，名灵虚位。"精养灵根气养神"句亦说明炼精化气之所为灵虚位。全体透空由此开始。

真气起于丹田，升于泥丸，降于背，入于肩，流于肘，抵于腕，至十指尖，此气之上贯也。气生于丹田，入于两肾间，降于涌泉，此气之下贯也。气随心到，心逐气穿，心能普照，气自周全，久而力自加焉。式如行云流水，无停无滞，瞬息存养，动静清轻而灵。入乎神妙，进退如意，功夫到此，可谓通真。此乃遣役诸方之精义。

内功修炼，升清降浊，气下神升，此中自有脏腑归位的腹响雷鸣现象和天地震荡的内景象，继之还有骨响齐鸣现象和电光闪烁的内景象，皆自身万象更新之证验。此外还有河车搬运的电闪雷鸣和天地光明的光明境，以及鼻子抽搐、脑中鸣响的现象。最终还有虚空粉碎的内景象，此即"雷霆霹雳，如掣电光"的精义，功夫境界不同，所指亦不同。

干支造化，灵集中央，阴阳五行，周天在握

阐释

干者，天干之甲、乙、丙、丁、戊、己、庚、辛、壬、癸，表示天气阴阳之五行。木、火、土、金、水，五行各有阴阳之用之性。然五行本一气，以天干表示天道之气，即乾，阳物也，其功能名健。

支者，地支之子、丑、寅、卯、辰、巳、午、未、申、酉、戌、亥，表示地形刚柔之五行。此五行各有刚柔之性之用。然五行本一形，以地支表示地道之形，即坤，阴物也。坤顺乾，其功能名顺。故《拳经》有"健顺参半，引进精详"。

天降地升，以生化万物，是名造化万物。气乃万物之资始，形乃万物之资生。万物的生长化收藏，皆天地交合万物生成之因。人以气形相互交合为用，以生万拳之变化以为用。

前人以天干、地支循序配合，以示年月日时的气、形"盈虚消息"，即六十甲子时序表，以推论天地万物气形的生化之盈虚。如第一次天干地支配合，地支盈戌亥两支。第二次天干地支配合，地支盈申酉两支。依次类推，地支五轮，天干六轮，配满一周，盈虚平衡。此即"五运六气"的运气说。上述乃天干、地支造化万物的基本干支周期说。

灵集中央：五运为表，六气为中。五运乃形也，六气为五形之中。气虚为灵，故曰灵集中央。此即"形外气中""柔外刚中"的气形匹配如一之说法，虚灵之精义在中。

阴阳五行，周天在握：即天干、地支的"阴阳五行之变化"，经过"地支五轮，天干六轮，配满一周，气形盈虚平衡"，是为"周天"。故修炼内功，凡内气运行一阴一阳者，就算历遍一周，名为周天。如以具体练法部位言则有小、中、大周天之说。如内气在丹田部位做圆周运行，名丹田小周天；内气在任督二脉运行一周，名子午中周天；内气在全身周遭运行，上至百会，下至涌泉，一升一降，名为"全身大周天"法。此乃针对有形线路之大中小而言的大小周天说。

又有"炼精化气，炼气化神"为小周天，"炼神还虚"为大周天。此乃以功夫修为之先后而言周天之大小者。上述两种皆为正确的说法，然不可混用。

周则为环，天者为枢。故曰：枢得环中，应变无穷。故"形以气为枢"。《拳经》云："宾主分明，中道皇皇。"外形为宾，内气为主。持中用枢，以内治外，乃灵集中央之精义。此乃枢机分明之义。用中而得中之道也。

前贤以天干地支相互配合的关系，表明盈虚消息的道理，即阴常有余，阳常不足，而阐明内气飞腾补虚之法式。又说明灵集在中央之道理，即有形者立中轴，无形者用中枢，以中治外，以近治远，攻防之道的体用之中枢尔。

日精月华，吞入丹舍

阐释

人身者，心如日在天空，离中一阴为日精。少腹太阴，肾主水，坎中一阳为月华。降心为不为，即降心气下入少腹丹田，则坎离阴阳交合，谓之吞入丹舍。丹田乃先天元气的归宿。气沉丹田，神息其中，谓之伏练、伏气，又名闭息，即神气依归丹田而不使之出游。此乃一切内功修炼法的初始筑基功夫，继之有胎息等系列功法而修之。

探取天根，真息生春

阐释

此乃取"天根月窟常来往，三十六宫都是春"，即驱尽众阴邪，然后立正阳之义也。丹田之中炼精化气，真气萌动，温暖融融，遍及周身。天根、真气生化之所在，丹田也。丹田中虚无之处是名天根，即"一点清明，二点灵光，三点神明九重天"。全体透空犹如九重天，皆由此根生化而成，故曰天根。此是对身内而言。真息者，真气所生之处。此处洞开，是名玄窍，又名天门。以子午南北而论，此又名南天门。内功修炼中称此为通天之窍、通天之门。此乃对身外而言。一内一外"天根"自明。

玄黄浑合，遍体更新

阐释

此乃取自"天地玄黄"，以喻自身的内气如天，外形似地。内气在身内健运不息，周流遍处，则内清虚、外脱换，为虚为实者易之，则筋骨空灵通透，内气切实清明。进一步内功修炼，七壳破则脱壳换相。遍体气象更新，脱拙换灵，灵集中央，身体如同九重天，内外如一，玲珑剔透，即脱凡胎，自入圣境了。

筋骨皮肉，来复乾坤

阐释

经过内功修炼之炼精化气，炼气化神，炼神还虚，外形内感通灵。内气似乾，健运不息，纯粹之精，阳刚之性；外形似神，静而不躁，顺从之德，阴柔之质；健顺参半，柔外刚中，以体天地之撰、乾坤合德之妙，通神明之德之基础定矣！

助道助法，赐我灵真

阐释

阴阳合德，刚柔有体，乃助我成道之法式，道成能助我施攻防之法而彻灵。何谓灵真？即养气而动心者，敌将也；固气而静心者，修道也。此二者皆灵真之境，即虚灵妙境。

绵绵大力，默默通神

阐释

内气的修炼，外形的柔若无骨之修炼，以柔用刚之技术方法的修炼，使内气刚健，外形如絮柔，以柔用刚，善变无形又无穷，不疾而速得真宰，势如长河，具神以知来，智以藏往之巧妙，有摧枯拉朽之威力。再神合于无，则寂感遂通，有前知之妙，虽不见不闻，而能觉而避之。是谓默默通神的神明艺境、神化之功，是谓灵通真一不二之境也。

北七南六，随在护临

阐释

北斗七星主生，持枢之璇玑玉衡，即持中用中之道，就是枢得环中，应变无穷，乃得允执厥中之道。南斗六星主杀，斗魁罡将，即内气为大将，外形为众兵，以柔用刚，即以外形用内气为击敌的技术方法。自己稳握生杀之大权，随身保护自己，临阵对敌，焉有不胜之道理。

急早送灵来，急早送灵来

阐释

灵不灵心自知，按法而修自然得彻灵。灵真之境，遵道按法而修，自能得之。否则非也。自古真传"万化生乎身，心明则一身自灵"。此两句乃心领体会之法式，自念自修自悟之法。古训："法从师处得，功在自身修。"急早修炼莫迟误，功到灵通自显真。

哔吽吽，嘿哈臻

阐释

前三字乃内功运气发声诀，闭口发声，乃通开诸窍之法。后三字乃吐气开声发劲放人之法。一是内功建体之功法，一是内功至用之功法。以此六字结尾，表明文体武用的修炼过程和学以致用的练功思想。

前后综合观看"飞罡文"之宗旨精义，实乃以内功为主的修炼方法，即动练法中以练内功为主。此乃飞罡之精义，文练法之宗旨。

闪者，进退如电之急也。其法，择每月红虎黄鼠日时，向本辰罡方，朱书（符）饮一道；再向北斗真方，默持一点天清之咒，九次。咒完静片时，再习步式招数一度。未习之先，有告文一个，秉心朗诵数次，再演为要，久敬为主，不可稍涉急志也。

阐释

此乃言闪战之法的一段文字，亦属于踏罡步斗修炼法中的事。只不过前面所言是以内功法为主，故以慢练为主要内容，要求起踏一步，默诵罡文一句。此乃去掉猛烈之习的修炼法。而此虽是按"飞罡式图"的线路修炼，但以闪战法为主，进退如电之急也，故不默诵罡文了。而修炼闪战之法要择时而修，故与前面所述踏罡步斗内功修炼的日日修炼有别。下面解之。

闪者，进退如电之急也

阐释

闪乃身法，脚步为之根本，实乃拳家之秘法也，即拳家"以柔用刚"之秘法。诀云：

偏闪空费拔山力，腾挪乘虚任意入。
让中不让乃为佳，开去翻来何地立。

偏闪是身法的事，而腾挪是步法的事，故曰闪乃身法步法之根本。因为进退在步。步法灵活，闪法才能精妙。因步乃载身进退之舟车，故此经文直言：闪者，步法进退如电之急也。不如此则闪不开，即使闪开亦不能复返而击敌。故曰"闪门战法，求之于身法中，而根基却在步法中明之"。知道闪法之妙，应如何修炼呢？

其法，择每月红虎黄鼠日时，向本辰罡方，朱书（符）饮一道；再向北斗真方，默持一点天清之咒，九次

阐释

修炼闪法，进退如电之急也。故要择日择时而修，此乃急则从缓之法，免生倦怠之弊也。

何谓红虎黄鼠日时？此乃天干、地支及用六十甲子组成的干支记数法，在历法中除了可以用来记年、月、日、时之外，还可以表示方位。该记数法在中医学中的子午流注法中有广泛的应用，其中的纳子法、纳甲法、灵龟八法、飞腾八法、养子午时刻注穴法等，都以干支为工具。

此红虎黄鼠日时的说法，乃取自飞腾八法，兵法亦用之。干支记日，六十天一周期。地支中寅为虎，天干中丙为火，火红色。红虎日，就是丙寅日，故两个月中才有一天为丙寅日。

干支记时，一天十二个时辰，正好是十二地支之数。然天干乃十个数，五天才满六十甲子之数，故知在五天中才有一个丙寅时，是红虎时。按三十天为一个月，就有六个丙寅时是红虎时，两个月有十二个红虎时。

黄鼠日之推法，黄者，土也。天干，庚也。鼠者，地支为子，故知庚子日为黄鼠日。故两个月中才有一天是黄鼠日。

干支记时，亦是五天才满六十甲子之数，五天中才有一个黄鼠日，一个月中有六个庚子时是黄鼠时，两个月中有十二个黄鼠时。

这样计算，每个月有一日和十二个时辰能够练闪法。这属于间歇练法。

向本辰罡方：何谓本辰罡方？本辰，就是即时之时辰，罡方就是本辰所指的方向。如红虎的丙寅日时，丙指南方；黄鼠的庚子日时，庚指西方。

朱书（符）饮一道：朱砂书写"符"一道，焚烧，白开水冲服。

符者，阴阳合和谓之符。朱砂书符，用毛笔蘸朱砂书写一道符，符式有定规，暗定朱砂用量之多少。朱砂有镇定安神，平心火，去燥气的作用。由此可知，书符的妙义，不在符的内容上，而在朱砂的用量上。俗人不知朱砂的药用功能，却在符的内容上费心机，真可谓水中捞月、山上捕鱼了。

何谓北斗真方？有歌诀：

内外全无渣滓质，养成一片紫金霜。

阴阳造化都归我，变动飞潜各有常。

我们知道，修炼传统手战之道，内气功夫才是核心，而内气在体内可有升、降、涨、渺四种运动方式。这四种方式，正应了四季的气象。春升、夏涨、秋降、冬渺。此乃天人合一之证也。

而古人有根据初昏时北斗七星的斗柄所指方向来判断季节的传统。斗柄指东，天下皆春；斗柄指南，天下皆夏；斗柄指西，天下皆秋；斗柄指北，天下皆冬。此斗柄所指的方向和四季吻合是真实不虚的，故将此斗柄即时所指的方向称为"真方"。此中暗示内气修炼的运行方法亦应与四季的升、降、涨、渺是同样的。此乃身中四象也。

天清咒

一点天清，二点地灵，三点神光遍九重。三关四通，八达血脉流通。斗君临吾上，罡将居正中，火龙潜吾下。先天祖炁入坎离，腹若雷鸣遍太虚，雷公电母居吾中黄宫，阴阳五行交互生。吾奉飞天大帝旨，敕速腾云显道灵。

阐释

天清，乃内功修炼中"天得一以清"的简说。咒，乃口诀、诀言、功法的别名。天清咒，就是修炼内功"天得一以清"的口诀、诀言、功法。

一点天清

阐释

练拳始于炼气，以得内清虚的功夫境界。功法乃无极天一生水桩法，修之可得全体透空的艺境。往来洞无极，是此功法的直接目的。

　　二点地灵

阐释

继之练外形，以得外脱换的功夫境界，即外形的脱拙换灵，正是"地得一以宁"的内感通灵的外形功夫艺境。功法乃地二生火桩法，修之可使外形幻化空灵。内感通灵，全无渣滓质，是此功法的直接目的，可使外形具有善变无形又无穷的功能。

　　三点神光遍九重

阐释

内气、外形，柔外刚中，得灵神以浑化。内气清明，外形灵光，浑化归一，神光普照。先是内明，继而内外齐光明，此即养成一片紫金霜之光明境，而身似九重天清虚空灵。

　　三关四通

阐释

三关者，炼精化气，炼气化神，炼神还虚，三步关要之功夫阶段。四通者，四美也，气足耐寒，血足耐暑，神足耐饥，精足力绵。气犹水也，惟真阳以御之，则蒸然流通大千；血犹油也，惟真阳以化之，则渣质净而胎元生；神即心之主宰，人之主人翁也，逢火煅之则光凝，遇水润之则体灵；精即髓液，遇火则融注，逢水则清明。总而言之，四美也。

八达血脉流通

阐释

四通八达，何止血脉，气随心到，心逐气穿，心能普照，气自周全。一身全无渣滓质，养成一片紫金霜，健身之益，言表尽矣！正所谓"黄中通理，美在其中"。

斗君临吾上

阐释

斗君者，心也，心为勇性，心为一身之君主，故为斗君。

罡将居正中

阐释

罡将者，中气者也，其乃君主之下，众兵之上，故为居正中。奉君主之命而为将，可帅众兵以征战。罡者，中正之气也。故曰罡将居正中。

火龙潜吾下。先天祖炁入坎离

阐释

地二生火，火龙在足下，以此火燃烧身、腿、脊骨、胸腹。丹田内先天一气为祖气，胸中为宗气。坎离交于丹田中，谓之炼精化气。

腹若雷鸣遍太虚

阐释

升清降浊，腹若雷鸣，是脏腑入槽归位之景象。开始时内部虚空，可直至全体透空，脱壳换相。

雷公电母居吾中黄宫

阐释

少腹丹田之真气，成一微黄色之丹球，已成黄芽。待上升到腹部中脘处，有一微黄色之丹球，似拳头大小，名曰黄庭。继之还要降到少腹丹田中，是名丹药。能下到少腹丹田，是名"肘后飞金晶"。真一之气能雷鸣亦能电闪，故而称之为雷公电母。

阴阳五行交互生

阐释

此乃肝助肾气上行，肺助心液下降，脾之媒婆和合此气液之交，三而一之，可瞬息成丹。此乃"五三一"之合丹法。

吾奉飞天大帝旨，敕速腾云显道灵

阐释

奉者，奉持之意。飞天者，飞腾也，内气从丹田之升降。大帝，帝体太一，自身之元神也，非另有大帝尔。腾云者，喻词

也。一身轻灵如羽，全体透空，来无影，去无踪，一阵清风倏
忽。轻灵敏捷，犹如脚下生风，这才显示出修炼得道者虚灵妙境
之妙处矣！骨轻身灵神爽之健也。

由上之阐释可知，"天清咒"全是修炼内功为主的修炼功法。
其令默持一点天清咒，九次。实际是要牢记：修炼传统手战之道
首要在于炼气，继之化神，终于还虚。旗帜鲜明，宗旨明确，正
是"意气君来骨肉臣"的精义，只不过功法内容更丰富一些而已。
再接前文阐释。

　　　咒完静片时，再习步式招数一度

阐释

心中默持天清咒完毕，静思片时，以体会口诀中的精髓要
旨。再按踏罡步斗的线路，习练步法、攻防招数，以明闪战之妙
法关要处。务必符合口诀咒语之精髓，方能合度，即能"以形鉴
真"。这就是术以意会、法以神传的修炼方法。此言"一度"，即
再如法修炼一回的意思。

　　　未习之先，有告文一个，秉心朗诵数次，再演为要，久
　敬为主，不可稍涉怠志也

阐释

未习之时饮符一道，再向北斗真方，默持一点天清咒，九
次。此时又有告文一个，秉心朗诵数次，再演为要，还要久敬
为主。是不是有些啰唆了？非也。此乃强调修炼什么，如何修
炼。用心而练，才出真功夫。否则，糊涂练、武练、横练，非但
无功，恐留灾祸于身。只有清楚地理解飞罡文、天清咒、告文式

中的内容，才能明白前贤这样强调的原因，全是为后来修炼者所想，并非故弄玄虚。我们分析完告文式的内容后，自然就全明白了。

告文式

题解

此告文中的内容，全是对练功法则、功法精髓及修炼者虔诚志向的叙述。下面逐句分析之。

空灵空灵，速到身形。飞腾闪躲，速赐分明。展开左右与中宫，上下翻形似火龙。坤为吾母乾为父，太极一气贯来衡。周身灵稳准，内外一齐通。吾奉飞天大帝五行主，奉旨来传，敕令速速（弟子某人，矢志学正，欲诛邪辅正。如不信者，与不从令者，俱皆五雷轰顶）。

符式列后。

空灵空灵，速到身形

阐释

修炼传统手战之道的至用，就是"制人而不为人所制"。即你打我打不着，我打你跑不了。能达此艺境，莫过于"全体透空，无形无象"，即"我无身，何患之有"。此乃说明"空灵"的精义。知道空灵的重要，就要追求空灵的境界。知道空灵的练功方法，按法而修，方可功成。这是常理。

故告文开头就言"空灵空灵，速到身形"，此乃修炼者首先

中的内容，才能明白前贤这样强调的原因，全是为后来修炼者所想，并非故弄玄虚。我们分析完告文式的内容后，自然就全明白了。

追求身形空灵。此乃"执古之始，以御今之有"的修炼宗旨。但只有此祈求祷告是不行的，这只是表达了一个心愿而已，非自修不可。目标已定，自强不息，矢志必成。此乃告文第一句话的深刻涵义。

飞腾闪躲，速赐分明

阐释

修炼传统手战之道不外内功的内气之腾挪，外功的外形之闪展，内外合一的柔外刚中之闪展腾挪而已。然而说之简单明了，一旦修炼起来又容易混乱模糊。"速赐分明"即快速赐我智慧，启我悟性，让我"宾主分明"而具备空灵之能、飞腾闪躲之功。

这里企求谁赐至关重要。此处乃企求自身的生之制者之神，即现时修炼者所言的"元神"。此乃自我的先天之神。因为此神具备内外神通之能，故此神乃心之主宰。修炼者想修炼传统手战之道的愿望，乃"识神"。此识神乃后天之神，是此识神祈祷自己的元神，故曰"速赐"。其文中"久敬为主"，乃识神敬元神功能之言语。只有元神主持修炼之事，方能让你明白飞腾闪躲之练用，才能"空灵空灵，速到身形"。告文式开场白之意已然分析明白了。

展开左右与中宫，上下翻形似火龙

阐释

前在"内外篇原序"中有"小可神变超尘，大则可以气夺尸解"之说。而此"展开左右"乃内功修炼中的尸解之分身法说。此法以任督二脉、百会、会阴为一线的内气分开左右以达分身。

217

这样修炼可使左右攻防招法的实施互不干扰，此即内功法修炼之功果。

展开中宫，是以少腹丹田为中心的虚空之展开，渐至全体透空，及神合于无的"肌肉若一"的全真功夫景象。

此"展开左右与中宫"句，实际上说明了内功练习中渐进法和顿悟法两种练法皆可。展开左右的分身法，乃顿悟法式；展开中宫的全体透空，乃渐进法式。作为一个修炼传统手战之道者，两种方法都要修炼。

上下翻形似火龙：有了内功渐进法、顿悟法的全面修炼，则自身柔若无骨，自能百折连腰地灵活如龙。火龙，乃取火之离中虚之意。全体透空才能如龙灵变，用力不见力而山莫能阻；自然似虎快利，用爪不见爪而物不能逃了。如此之神功缘何而得呢？看下文便知。

坤为吾母乾为父，太极一气贯来衡

阐释

坤，阴物也，以示外形，故为母；乾，阳物也，以示内气，故为父。阴阳合德，坤承乾，母配父，谓之合德。刚柔有体，内气为阳刚之体，外形乃阴柔之体。

之所以能内外虚实相需，以柔用刚，全是由太极之一气贯串来达到内外协调平衡的。太极者，一气；一气者，太极。"有形练到无形处，练到无形是真功。"无形者，一气也，太极也。空灵者，太极也；虚灵妙境者，太极境也。"放之则弥六合，卷之则退藏于密，卷放必得时中。"太极之体用也。全体透空，太极艺境。此"告文式"中"太极一气贯来衡"与后来太极拳的宗旨妙义，何其相似！就浑元功法与太极功法如此相似来看，传统手战之道的练、体、用，自古就有一脉真传。而此一脉真传，皆出于《周易·系辞下》"乾，阳物也；坤，阴物也。阴阳合德，刚柔有体，以体天地之撰，以通神明之德。其名虽杂，而不越也"之理法。健顺之体，合之至也，谓之太和一气，此亦名为太极一气也。

阐释

太极一气贯来衡，即由太极一气来权衡轻沉利弊，则能真知无二，自然周身通灵、稳健、准确无误。由此则顺从以为进退，逆力以为揭献，击败对手及时、稳健、准确、无误。

妙焉！以此来解"人刚我柔谓之走，我顺人背谓之粘"，何等精辟。内气、外形柔走刚发，内外齐通往而不复，彼怎能不败？此将以柔用刚的技术方法阐述得深刻而又透彻，只此"一气贯来衡，内外一齐通"，就表达得淋漓尽致了。

吾奉飞天大帝五行主，奉旨来传，敕令速速

阐释

此乃告文结束语。何谓"飞天大帝五行主"？五行者，木火土金水。五行主，五行本一气，故一气乃五行之主。大帝者，体太一者也。体太一者，虚无之一气尔。五行主即是大帝。大帝者，一气也。一气可以飞天，故曰飞天大帝。一气灵明不昧谓之神，可知此飞天大帝者，乃指此"灵明不昧之一气"也。此乃告文作者假托奉此"一气灵明不昧之神"的旨意，来传"空灵空灵，速到身形"的功法密旨的，意在敕令习者速速按此修炼。可见传

219

功前贤之苦心。

弟子某人，矢志学正，欲诛邪辅正。如不信者，与不从令者，俱皆五雷轰顶

阐释

此秉心朗诵告文者信誓旦旦之言，读谱亦不容忽视，其精髓要旨亦在此中。

矢志学正：修炼传统手战之道，惟道是从，立志修炼，矢志不移，誓必坚持学修正宗大道，不入旁门邪径。正宗大道者何？即意气君来骨肉臣的正道宗旨，以静用动，以柔用刚。即驱除众阴邪，然后立正阳的练功宗旨。即截长补短的"诛邪辅正"之修，不投机、不取巧，诚者之修。即天行健，君子自强不息，方能文兼武全将相身。

凡修炼传统手战之道欲功成艺就而不信此言、不从此令者，俱五雷轰顶。雷，震也。木、火、土、金、水，乃五生气也，此乃常也。如五气不正，害人如雷击，毙人之命顷刻之间。俗话常说"天打五雷轰"，即指此五气不正，致人毙命之现象。

顶者，有灭顶之灾的说法。头乃诸阳之首，头脑中有病，轻者植物人，重者死亡。头不可伤，可知矣！伤者症状不一。

五雷轰顶，如若修炼传统手战之道不惟道是从，不以空灵修炼，不知内气外形的以柔用刚法，不求尚意尚德之正确功法，而求旁门邪径的尚力蛮法，则皆遭"五气内乱"的灾祸。当今之时，亦有练功者不上正道而入邪径旁门，造成神志不清、怪症蜂起、痛苦煎熬，甚者血压升高、头痛难忍、中风偏瘫。这都是五气已乱的表现。由此可知古人言说不误矣！此告文之内容，对于练功者来说，至关重要，不可忽视。应仔细研究体认，方得正果。书

此告文式，乃告习传统手战之道者知。

符式列后

阐释

饮符之意，前已论明。凡饮符之法，皆遵前文解析之意。

"告文式"内容阐释至此，其精义已明。

故前人叮嘱要秉心朗诵告文数次，其实是使习者通明练功宗旨、功法要义。之后再遵此修炼演示，自然容易成功。此又说明修炼的要点，在于明理知法而练，不要糊里糊涂地蛮练。行家里手练功皆如是法，即心领体会，从不蛮干。循理按法而修，功到自然成。

久敬为主，敬者自静，静则能净，净自精纯，功不杂越。《太极拳经》言："浑然无迹，妙手空空，若有鬼神，助我虚灵；岂知我心，只守一敬！"《内家拳法·五字诀》云："拳法之约，惟敬、紧、径、劲、切，五字而已。"可知"敬"字之精妙尔。此久敬为主，乃成业之根基尔。不如此视传统手战之道为保身之珍宝而敬之，如何能持之以恒地认真修炼？只有长久恭敬地将传统手战之道作为保身之珍宝，方能矢志不移也。慎终如始，功必有成。

告文符式图

由"练招解"的腾字条目，展开了对飞罡式图的来源、踏罡步斗练功过程、飞罡文、天清咒、告文式及饮符的实质意义的全面阐释。我们认识到了浑元功法的内功练法、外功练法、内外合练的攻防招法，也使我们认识到踏罡步斗练功法的实质内容是多么科学、系统和完善。这充分体现了传统手战之道博大精深的

一面和功法细腻精微的一面，即外遵天道自然的法则，内顺自身内外各部位器官的性情，顺随为法的练用之法则。此既体现了中国传统的"天人合一"思想在传统手战之道练、体、用中的具体应用，又体现了传统手战之道"理、法、术、功、形、意、体、用"始终一贯的不可分割性。传统手战之道是一门理法完整、系统、独立性极强的学问，有其独特之处。

前面阐释"练招解"的内容，尚不涉及"七十二手使破"的对练内容，应先阐释对练前的基础功法，如飞腾秘录、行功歌诀、立功歌诀、九凤朝阳（软硬功夫）等内容。这才是练功的正确顺序。将基础功法练精练透，方可对练攻防招法的使破。故下面依先后顺序，阐释"飞腾秘录"的内容。

飞腾秘录

夫行立二功，乃诸门首务。飞腾秘旨，特笔之于后，以待后学留心。专好研究者、习者，应自珍重，否则无论如何，不能成就。果能练得带风，自可超高跃远。非一气铸成，难臻其妙也。

其法：每日寅刻，吞罡合罡气，饮五五各一道，面东炼行立二功，各三次，若多演更妙。

阐释

此乃言说"精神敛而能飞腾"之秘旨，有行、立两种练功方法。而此行、立二功，乃修炼传统手战之道诸门功法的首练内容。此飞腾秘旨，特笔之于后，以待后学研究、修炼，凡习者应珍惜之。否则不能有所成就。果能练得带风，此乃一种功夫境界，按现在的说法是出现了"场"的感觉，自然轻灵而能超高跃远。但修炼者不可间断，必须一气铸成，不然难臻其妙也。

修炼在每日寅时，即凌晨3点至5点。先吞罡方清气五口，内有要诀。饮五雷五电符各一道。面东炼行、立二功，若多演更妙。下面来看行功歌诀的内容。

行功歌诀

题解
此为三首行功歌诀，每个歌诀都是单独操练的功法内容，详细解之如下。

一

左肩高提右肩垂，右肩高竿左肩低。

前冲后撞尖跟力，挟山超海名甚奇。

二

左手一领右肩进，右手一领左肩行。

首尾相应尖头力，气贯周身便有准。

名为鹞子穿林式。

三

忽进忽退左而右，右而左之退中进。

进中退用偷步行，颠换步中进中进。

迭撤步为退中退，退中进而为倒步。

左右旋风转飞身，三步连环妙无穷。

左肩高提右肩垂，右肩高竿左肩低

前冲后撞尖跟力，挟山超海名甚奇

阐释

此功法名摇山晃海法。内练内劲之鼓荡，外练外形之前后靠法，并练手足上下相随。身法趋避、胯打，可谓一法多效。尤为重要的是前掌、后跟的蹬踩力的练习，既可直行，又可斜行旋转，修炼得进退自如方妙。

> 左手一领右肩进，右手一领左肩行
> 首尾相应尖头力，气贯周身便有准
> 名为鹞子穿林式

阐释

此乃假借想象物之进身法，左手一伸，似摸物不动，而领右肩进，并且右步亦进；右手一伸，似摸物不动，而领左肩进，并且左步亦进。此法妙在施手用招或施招用手时，不改变对手而进身，正是拳诀"鹞子穿林莫着翅"的进身之法。但修炼时以空练为妙，似首尾相连，手头引领全身的巧劲，这需要气贯周身而轻灵方能做到。还要有准头，既不干扰对手而又能轻灵进身。然在练时，亦可进步进身，又可一手引领而退之。即如何而进，又如何而退。手不动而进退自如，方见妙境。左右亦可练之，纯熟为最佳。我常教弟子运用此法，效果极佳。此乃动手较技必精之法。其实，此论述的"拗步式""顺步式"也是这一法式。只有如此认识、修炼，才为周全。

> 忽进忽退左而右，右而左之退中进
> 进中退用偷步行，颠换步中进中进
> 迭撤步为退中退，退中进而为倒步
> 左右旋风转飞身，三步连环妙无穷

阐释

此乃纯步法的修炼，进则左步在前右步后，退则左足落在右足右，右足右绕落左足前而成右站式。反之亦然。此即"右而左之退中进"或"左而右之退中进"。此乃两仪步法，或三角锚步法，即一、二句内容。

进中退时退后步，谓之偷步。退中进时进前步，亦名偷步。进中稍退后步，立定则进前步，名颠换步，是进中进。迭撤步就是退中退了。退中进还有倒步法，都是很实用的步法。

左右单转、双转的旋风步转飞身，一掰一扣旋转身形犹如旋风。

偷步、颠换步、倒步，三种步法连环实施，变化无穷而妙不可言。

以身法、手法、步法三种行功歌诀的内容综合观之，实为手、身、步三法合一而用打的基础。可知此行功法诀乃是为实战而修炼的。

立功歌诀

四平八稳：双足尖点地，前后左右起伏。

移星换斗：金鸡独立，单足尖点地，哪吒探海，双足尖点地，双手环抱，周身似战非战，前后左右抖。

打秋千：双手抱怀，身前挺后拔，由近至远，尖头之力。

天马行空：身似蹲非蹲，双足尖点地，手两边伸平，左右齐点头，身左右前后来回。

绿鸭浮水：双足齐伸如担，身半折，左腿前丁，右腿倚斜横，一起一伏，周身相随，换右腿前丁亦然。

每用行立功时，默呼九天元祖、太上圣师，速显灵通。每晨吞罡方清气五口，内有要诀，饮五雷五电符各一道，朱书墨盖，下列五雷电符式，白纸朱书，内有符壳墨填。先静坐片时，默持一点天清咒，取东方清气一口，吹于笔上，再吞罡气三口，以外合内，运贯周身，炼之，书符焚化，滚白水吞之，再演行立二功。符式列后。

如遇乐行此功者，当戒律，择清静暗室，朝夕演习，一气无间，过百日奇验，年半小成，三年中成，昼夜九年则侠而仙，上乘之权舆可操也。若以作辍偶练之心演之，难得山人传授之秘诀，而见其神奥。倘信疑相兼者，以勿炼为主。非有久静不怠，行动不期验者，不足行此功也。

四平八稳：双足尖点地，前后左右起伏。

移星换斗：金鸡独立，单足尖点地，哪吒探海，双足尖点地，双手环抱，周身似战非战，前后左右抖。

打秋千：双手抱怀，身前挺后拔，由近至远，尖头之力。

天马行空：身似蹲非蹲，双足尖点地，手两边伸平，左右齐点头，身左右前后来回。

绿鸭浮水：双足齐伸如担，身半折，左腿前丁，右腿倚斜横，一起一伏，周身相随，换右腿前丁亦然

阐释

此五式立功方法的描写，文白如话，不用解析，皆属于练外形的抻筋拔骨，对拉拔长，动变平衡，惊弹抖搋几方面的内容，确实是习拳练艺的基础。其练法已如上述。然练前的准备工作及其重要作用，再看下文。

每用行立功时，默呼九天元祖、太上圣师，速显灵通。每晨吞罡方清气五口，内有要诀，饮五雷五电符各一道，朱书墨盖，下列五雷电符式，白纸朱书，内有符壳墨填。先静坐片时，默持一点天清咒，取东方清气一口，吹于笔上，再吞罡气三口，以外合内，运贯周身，炼之，书符焚化，滚白水吞之，再演行立二功。符式列后

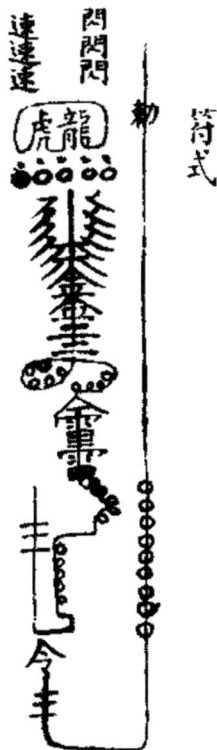

五雷电符式图

阐释

每用行立功时，默呼九天元祖，太上圣师，速显灵通。九天元祖、太上圣师，乃人格化了的太极一气，可由"坤为吾母乾为父，太极一气贯来衡"一句证之。周身灵稳准，内外一齐通。九天者，空而不空，不空而空之境。元祖者，虚无乃万物之大祖，可与元始天尊同一义也，即老子所言之"古始"，就是道。如以自然界的四大"道、天、地、人"为先后始终而言，道处最上之位，称为太上，以此为圣师。默呼，敬之意也。速显灵通，务以意会的内气导引法也。法以神传，神者，一气灵明不昧谓之神也。此乃自修，必赖一气贯串之。自修自练依内气运行为法，则能速显灵通，非有其他意思。

五雷五电符，朱符壳墨填，白纸书写，焚而白水饮之。前已经将朱砂的药性作用阐释明白了，然此五雷五电符又内有朱砂符壳，用墨填实。此用墨者何意？古时做墨多用烧柴火的锅底之烟灰。此物药名百草霜，有凉血止血的作用。一般人修炼形体功夫

227

容易产生暴烈之气，内热而燥，心中容易生壮火。壮火食气，火性上炎，于身体不利。故古人欲除此弊病，用朱砂潜镇安神，辅以百草霜凉血去燥火。墨填就是起这种作用的。所谓符的笔画多少，形态式样异同，只是朱砂、墨的用量多少而已。练前吞服，有预防作用。这和武练法的药煎洗，服食益气活血化淤药物的道理是一样的。只不过以符来说而已。

练功前默持一点天清咒，有平心静气、神气形合一、聚精会神之作用。吞罡气三口，是丹田之吞，非口鼻之呼吸也。即将身体内浮游之气臆想收入丹田中，再发放至皮毛，连做三次。以外形能合于内气，能合于心神，运贯周身，即吞罡气三口之内容。

只有做好前面所述的准备活动，方可以演练行、立功法，这才有益无害。

　　　如遇乐行此功者，当戒律，择清静暗室，朝夕演习，一气无间，过百日奇验，年半小成，三年中成，昼夜九年则侠而仙，上乘之权舆可操也。若以作辍偶练之心演之，难得山人传授之秘诀，而见其神奥。倘信疑相兼者，以勿炼为主。非有久静不怠，行动不期验者，不足行此功也

阐释

如想按行、立功法修炼者，当遵守戒规条律，择清静暗室，朝夕演习。古人修炼是不让他人瞧见的，必须自修。一气无间断，是指天天修炼。过百日奇验，是说已见成效。年半可以巩固，三年中成，昼夜九年按法操练，则功成不退，谓之动力定型。自有通灵如神之妙，上乘功夫可以操持并能达神化功夫艺境了。

但要作辍偶练，难得其秘，难见此功法神奇奥妙之境。如

信疑相兼者，不练为好。非忠贞不二者，不足以行此功，见解妙焉！

九凤朝阳（软硬功夫）

霸王举鼎最雄豪，左右偏衫跕更牢。
犀牛望月前攻腿，狮子摇头鹤抖毛。
太公垂钓蹲身式，猛虎扑食巨尾摇。
金鸡独立营门外，剪步来回风摆桃。

阐释

此软硬功夫的练法，何谓软？何谓硬？软乃柔也，硬乃刚也。柔软者，体如棉絮，势若无骨，以作蓄势行气之用；刚硬者，气填骨节间，其坚硬如铁石，以为刚落点之用。谚云："柔中有刚攻不破，刚中有柔方为坚。"此软硬功夫，皆内气、外形柔外刚中匹配如一相互为用之说法。如柔中无刚，是为愚柔，愚柔则走化不灵；刚中无柔，是为蛮刚，蛮刚则发放不利。只有柔化刚发之以柔用刚，方是真刚。故知此软者，外形也；此硬者，内劲也。犹如皮球之状态也，内外皆以性体、性能而言之。修炼传统手战之道如若不知此软硬、刚柔是指内气、外形的性体、性能，便不知此性体之功能至用也。故有用柔走化时，内中无内劲承接其势，则易被其势逼迫而扁瘪失势也。运用刚发时，外形僵拙，则形阻力闭发不得人出，放不得人跌矣！诀言："松得干净，发得干脆。"

有一种尚力派的用硬之方法，即肌肉僵硬的用力方法，名肌肉爆发力。此种习拳之人其力虽大，然僵硬笨拙，不善变化，已非传统手战之道中硬的概念了。传统手战之道中的硬，是指内劲的刚发之势。故有"拳要软中硬"的说法，乃指内劲之精法。其中软者言外形之性质能力，硬者言内劲之刚，是显而易见的。就拳诀"硬打硬进没遮拦"来看，亦说的是"以柔用刚，方见真刚"的打法，绝不是外形僵硬蛮横的用法。辨明这一点，方能明白"九凤朝阳"中的各式练法，皆是修炼内气、外形匹配合一的柔软、刚硬之功夫的。这样修炼起来方能内气、外形软硬兼施，在施招用手或施手用招中，才有刚柔变化自如，柔化刚发不期然而然，不期至而至的效用。下面具体分析歌诀中各式练法之精义。

霸王举鼎最雄豪

阐释

霸王举鼎乃双手上举，或单手上举的手足对拉拔长的练法。即"双手托天理三焦""单手上举消五劳"的两种练法。有直立势、中盘势、矮盘势，有平行步、弓箭步、疾步等多种形式。但关键在"雄"字上。既有外形的对拉拔长之抻筋拔骨，又有内气以丹田为中心上升至手、下降至足的对拉之势。有形柔劲刚的挺拔雄壮之势。练时外形抻拉到极限，内劲之上下争拉亦到极限时，稍待片刻，则稍微松缓，再进行上下之抻拉。百会一定要领好。抻拉到极限时一定要体认各个关节处是否都有拉开到极限的感觉，如有某关节抻拉不到位，就以心领气做局部疏通，经多次调整便可达到预期效果。修炼时一定要尚意不尚力，并要慢拉抻、慢松缓，蓄劲上下抻拉，源源不断是要妙。练时口鼻呼吸自然，可在抻拉到极限时以呼气强化拉抻，对初练功者自有妙不可言之处。但对于熟练者来说，就要以内劲贯通关节、筋膜，贯通时关节间有松空的感觉为最佳状态。当两肋部皆有此感觉时，就是功德圆满了。所谓"缓练蓄劲，迟练神"，也是修炼的法则了。此乃上下运动之方法。

霸王举鼎之练法上面已论述清楚了。用时也是以柔行气、刚落点为法则。以招法论，单凤朝阳、托枪式，都是由下往上的，继之又可下落。这也呈现出招式的由软到硬、由柔到刚。柔者如绳束，刚者直如柱，只有以柔用刚，方是真刚。如僵拙则非霸王举鼎最雄豪之本意。不单此式如此，下面所列各式皆如此。软硬功夫的精义，乃是既练柔软又练刚硬。不外是内气之阳刚，外形之阴柔，柔外刚中匹配如一的刚柔相济之法式。这样由练至用才是功夫。

左右偏衫趃更牢

阐释

前论上下之法式，此论左右偏闪腾挪之练法。为何用偏衫而不用偏闪？这里有种说法：过去之人皆穿长衫，偏闪之微动的闪法，外边看不到，只有用偏闪之人自己能感觉所闪之面身不着衫之空落，又感觉到偏闪之身紧贴长衫。故以偏衫而言偏闪之微妙处。

又有一说，内劲功夫真息圆满，亦如皮里肉外披一层衣衫一般。偏闪之时，只将内劲偏闪到另一边去，则形随劲动也就完成了偏闪的动作了。作者为了强调这一点精微妙处，故用偏衫一词论说偏闪之用。拳诀云"腹内松静气腾然"，就是说此偏衫法。金钟罩、铁布衫乃古传内功的合膜功夫，也就是我说的"影子人"功夫。自古真传的抗击打能力缘于内劲的合膜。有了这层认识，此偏衫的精义也就迎刃而解了。这样，偏衫之衫和铁布衫之衫，也就指同一物了。这也就说明传统手战之道的功夫，千古真传无二法。明此便可沟通古今之论了。

跅：落定的意思，于此处乃落实之意。此处用跅字有二义，一是指偏闪的内劲转化而降落有一定的处所，二是指步法中内劲沉降而落则足步稳健灵便。故用跅字，而不用站字。跅字以内劲之用法立论，站字以外形足步用法立论。因跅字乃内劲之落而足步稳健生根之法，站字乃足步立定而内劲上升之势。此言偏衫的内劲落足稳健生根的方法。继之方有足步立定内劲上升及重心转换之法的应用。

由此论"左右偏衫跅更牢"一句之精义明矣！如果将衫字换为闪，将跅字改为站，就成了"左右偏闪站更牢"了。再看改后的这句话，如何还能知道原话中运用内劲的精义及功夫呢？由此可知，凡原传古谱之字句，自己读不明白，也不要更改一字一句。如妄加改之，则原作失真，面目全非。如属孤本传世，则前人之功果全失矣！心中有感，顺便论之，以醒世人。

此句"左右偏衫跅更牢"，也是讲外练形，内练劲，内外齐练方为真。练时步法可大动、小动、不动，但左右内劲的腾挪偏衫万不可少，重心的转移变化万不可失，身法的趋避一定要做得真切，方知得中用中之妙。此乃以柔用刚、以静练动之妙法，即外形柔，内劲刚；外形静，内劲动的练法。从中体会到"形柔软、劲刚硬"的以柔用刚、以静用动的精髓妙处。

犀牛望月前攻腿

阐释

前文言上下、左右之法式，此句言前后之方法，即前后软硬之攻法。犀牛望月招法之姿势，一般皆是长马弓箭步。身子向前，顺前弓腿之向，回头扭颈，观看后面对手，攻击手攻取后面来敌，乃败中取胜之招法，故头顺后绷直之腿。此乃自身向背颠倒运用的方法。如与"前空后丰"或"前散后趋"的软硬架势相比较，此势之硬腿架"前弓腿"便成了牮柱，而软腿架"后箭腿"便成了支撑，即犀牛望月攻击后来之敌的手法劲势，来源于前弓腿的足蹬踩之处。也就是原来后腿牮柱，前腿支撑柱的人字架反着用了。此乃步法中前后牮柱、支撑柱的软硬变化之法式，也是刚柔变化之法式。

这就是前贤用前攻腿而不用前弓腿的道理，犀牛望月招式的特殊运用，不能用后绷腿为牮柱，只能用前弓腿为牮柱。为突出自身人字架中两腿牮柱和支撑柱的区别，故不用前弓腿而用前攻腿，来说明犀牛望月招式的支点力增加，来源于前弓腿之处；正面攻敌的支点力增加，来源于后绷腿的微妙差异。这一点在《拳经》中有所论述，记录对照，心中自明。

前脚如万斤之石压，后脚如门闩之坚抵来，臀如坐剪加大银，身如泰山无可撼，此周身用力之妙，摹神设想之巧也。

此论说明了正面对敌之时的人字架用法。前脚为支撑柱，用于防止前失。后脚为牮柱，用于攻敌的劲势之源泉处。可知此正常情况下，后腿为硬势，前弓腿为软势。而犀牛望月势招法乃回头回手不回身的攻敌方法，故改前弓腿为牮柱的前攻腿。

狮子摇头鹤抖毛

阐释

前有了霸王举鼎上下对拉拔长的抻筋拔骨之修炼，左右偏衫的内劲腾挪之修炼，犀牛望月的步法软硬之修炼，现在又有以内劲、外形的方圆变化修炼外形的摇摆、内劲的抖擞及内劲、外形的摇摆抖擞之法了。

此摇头法乃摇头摆尾方法的简写,是身动根不摇的"风摆荷叶步"的身法,亦是"上有百枝摇,下自根基牢"的上虚下实不倒翁的功夫艺境。而此狮子摇头的说法,正是五枚大师所言的"腰如摆柳"的身法功夫内容。此乃闪门之法。狮子摇头法是以腰为根轴的左摇右摆、前俯后仰、四象动变之式的内容,即可圆转摇之,或左或右,亦可以"8"字的线路摇摆,轻灵为佳。

摇尾法,乃臀胯的圆圈旋转,"8"字摇摆之亦可。此乃用柔软之法,练外形的柔软之功夫。

鹤抖毛乃古传说法,现有"金鸡抖翎""驴抖毛"等不同说法,然皆为抖法。此为外形一止,内劲鼓荡腾然骤停的震抖方法,此乃外形柔软内劲刚硬之势和合而成。

如果说狮摆头是柔软之势,则鹤抖毛乃刚发之硬势,此两者合观才是软硬势。如谈两者的关系,狮子摆头为柔行气之软势,鹤抖毛为刚落点之硬势。

不管是狮摇头,还是鹤抖毛,都是自内劲起,而终于外形止的。然狮摇头的内劲含蓄在外形中呈蓄势状态,鹤抖毛为内劲骤发,而外形一止。此中内气之体为圆,外形之体为方。狮摇头,形圆内劲亦圆;鹤抖毛,形方内劲亦方。由此可知,形方自有圆之用,劲圆自有方之用,说明体用有别。细分的话,狮子摇头,形圆劲方;鹤抖毛,形方劲圆。形圆劲方,说的是外形圆活动变,内劲鼓荡腾挪之势;形方劲圆,形静则方,劲动亦圆,则势自然饱满。

可知狮摇头和鹤抖毛是一对软硬对比势,一为柔行气之软,另一为刚落点之硬。明此则知方圆立体攻防之妙。然狮摆头、鹤抖毛又各是柔行气、刚落点的软硬之蓄发势。

太公垂钓蹲身式

阐释

此乃缩作一球的收束势，取下蹲的收束矮身势，即伏而能伸的伏势。不柔软如何能蹲身缩作一球？此乃练柔软之法。然矮身收伏，下盘不坚刚如何能站得住？此又有刚硬在下盘中。蹲身式乃上身仗身而蹲下，然内气必上领在百会穴处方不软塌，下盘必有内劲蓄势之刚硬，不如此则蹲立不住。经此分析，此太公垂钓蹲身式中的软硬明矣！

猛虎扑食巨尾摇

阐释

此乃展放式。百会领起，全身着力攻击之刚硬架势，即刚落点之架势。此势与太公垂钓蹲身式一起一落地合练，方见其妙。

巨尾摇，说明虎扑之式并非单纯直进直扑而用，此乃"打人如波涌，打人如翻浪"的盖势法。此打人全凭盖势取的方法，全是针对内劲从腰上起至背、头的前盖之扑势而言的，可由"势势如虎扑"一说证之。巨尾摇一指内劲由腰背上翻之势，一指对手左右闪化，则自调尾间骨便可左右转向扑击。动变在腰，尾间处为转向之舵，故曰巨尾摇。腰不柔软则巨尾摇也不能转向，腰不鞭直坚刚，则转向后亦不能刚发。此乃猛虎扑食巨尾摇中的腰之软硬变化之用，乃刚落点的刚硬架势之法。此中精妙之处可见分晓。然此法之中，又有虎尾腿的腿法之运用，如后撩踢、后蹬踏、后扫堂腿，若运用得当，都可以制胜。这样，前有虎扑，后有腿法，如再加用掀揭法，则老虎的扑食三绝技"前扑，左右掀，巨尾摇剪"就皆备了。再加之运用精熟，此三式就能形成方圆立体攻防机制。变化周而复始，则较技中制胜的机率就大多了。这充分体现出攻防招法在熟不在多的精义。

金鸡独立营门外

阐释

金鸡独立，乃用膝击之法，其姿势为左手上捋起，左足下落实，右手下落，右腿屈膝上提击。反之亦然。金鸡独立势鲜明地体现了手足上下相随之四象法则，即"打人如走步"的规矩。

此势之虚实：左手上捋起，为虚；左足下落实站立，为实；右手下落之采势，为实；右腿屈膝上提击，为虚。反之亦然。此乃从外形动变势态而分的虚实，不在用劲之大小，自是拳法中的特定认识。

此势之软硬：左手上举，左足下落，外形为开，内劲为合，此为硬架。右手下采，右膝提起，外形为合，内劲为开，此乃软架。

此势之刚柔：外形为柔体，内劲为刚体。

可知一势之拳法，皆可以虚实、软硬、刚柔区别论明。然所指内容精义，不可混同。必须分明，方不会失误。此势左右互换，何处应软，何处要硬，自能分明。

营门外是何意思？拳法中手为门，步距内为户，故手足称门户。然户者，又有以营立论的，则取兵之营门之义。此金鸡独立的用膝击之法，乃出了自己营门外的击敌之法。关于以营代替户的用法之拳种，三皇炮捶拳就是，其谱中多"扎老营"等说法，实指守中护中、归根护根。

金鸡独立提膝击敌，随后可有脚法点击、落下震脚等多种变势，故不可轻视之。

剪步来回风摆桃

阐释

疾剪步法，可进可退，但以轻灵敏捷为佳，还要以空灵为尚。进时进前足，以后足跟之蹬力，并跟进；退时退后足，以前足掌之踩力，并撤回。进退来去，双足一虚一实，一软一硬，变换转化无穷尽，疾快如风。正所谓"腿似疾风""雷厉如风行"。此乃步法如载身之舟车的上佳体现，各种步法皆应如是。

风摆桃，以此借喻步法之疾速，身法之敏捷，周身一家之往来，无不恰机合势。正所谓"来无影，去无踪，一阵清风倏忽"。只有得此之妙，方入佳境。

"九凤朝阳"的软硬功夫内容，具体阐述完了。从整体的观点来看，有手法、身法、步法、靠法、膝法、闪法、矮身法、长身法等内容，各种方法无不是内气、外形相互为用。正所谓："至于立体发用之妙，件件原委之于自然之神，统蓄以先天寸绵之力，为无为无不为也。以动静互为其根，阴阳迭神其用。"而此只以软硬论之，"九凤朝阳"八势之意自然明了。此乃带有总结性、概括性的练法。

这可与《内功经·十二大力》相媲美。十二大力的"足、膝、裆胯、胸背、头颅、三门、二门、穿骨、坚骨、内掠、外格、手之撩攻"，利用十二个问题，论明了周身练用的内容，同"九凤朝阳"八势软硬练法之论述有异曲同工之妙。二者可对照参考。

以上乃踏罡步斗过程中修炼的功法内容，已达"如此年余，活灵异众，四步功成"之火候。此时，再择一性善知己，毫无忌心者，同伊日较。每件兵器，要逐渐精比无遗，为五步功也。再看具体内容如何。

七十二手使破（上截剑法）

青龙戏水：破斜披棒，上中下三实。

燕子穿林：破虚浮枪，即搂棒。

长蛇摆尾：破双铜、双拐、穿腮枪。

猛虎扑食：破里门边枪、外门绷枪。

仙人指路：破中平虚实枪。

鲤鱼跃浪：破花枪。

凤凰点头：破虎口、穿腮二枪。

金豹跳涧：破白马点蹄枪。

哪吒探海：破二郎接草枪。

童子上香：破孤雁超群、单闭门二枪。

金蝉穿林：破劲吃枪（倒撇柳，又锁眉枪）。

春风摆柳：破左右掤进棍。

闲云出岫：破大鹏展翅枪。

狮子抖毛：破回马枪。

喜鹊登枝：破上中下虚点枪。

黄鹤传书：破地盘棍。

青鸾展翅：破两截棍。

孔雀开屏：破双拐、左右掤砍、滑枪。

狸猫扑鼠：破直披棍。

叔宝救驾：破大枪。

铁锁缠身：破双戟。

风吹杼叶：破吃枪。

雨打残花：破双铜，中左右吃攻靠。

云里翻身：破大刀。

千里一跃：破大枪、异术。

太公钓鱼：破藤牌。

古树盘根：破横平棍、扫眉剑。

仙子钓鳌：破流星锤。

仙猿跃溪：破双手带、大刀。

铁牛耕地：破撑棍。

满天星斗：破虎钩。

锦云铺地：破直点枪、双枪。

力士开山：破三截棍与鞭。

仙童送客：破七截鞭。

叶里含花：破铜抓。

风中舞蝶：破少林棒。

水上游鱼：破拔枪。

挟山超海：破走线锤。

妙手回春：破单矛。

白鹤舞风：破人字刀。

献玉入秦：破风火轮、云轮。

巧女穿针：破双枪。

织女投梭：破姚仙拐。

仙猿扒杆：破搠拿劲枪。

鹞子翻身：破外摆水边枪。

风吹花影：破锤中点唤将。

金风掠地：破拦刀、左右斜披刀。

斗转星移：破手代刀。

仙人跨鹤：破朴刀。

嫦娥舞乐：破姚仙拐中展翅鸳鸯。

渔翁撒网：破双锤中飞仙拳双使。

三揭：为败中进，诸法之始。

三点：为败中致胜之法。

滚绣球：破上下翻身棍。

连环炮：破连刀。

锦缠头：破虎头钩中丹凤朝阳。

一声雷：破单门双刀法。

闪六甲：破火枪。

排六甲：破一切妖通异术。

剑破枪（上皆枪点，下系棍法）

金鸡乱点头：青龙戏水破。

中平：仙猿指路破。

地蛇：趁剑破。

穿腮：拨草寻蛇破。

上中下左右前后虚点：问剑破。

虚问：退中进步撩阴破。

软中软缠随：风摆梨花破。

剑破棍（上棍下剑）

绷进：退中进揭破。

直进：仙猿倒逐马破。

扫进：一步入中原破。

拦进：燕子抄水破。

侧身撩阴进：进步揭腕破。

来自下而上：金蝉脱壳破。

以上七十二招，亦分前十二、后十二、左十二、右十二、上十二、下十二。亦有奇剑、正剑、奇中正、正中奇、正中正、奇中奇之别。又有中十二，乃飞仙、刺猿二剑所化，名曰奇正奇、正奇正，皆当各式分习合演，毕尽其妙，方有成就。若以续断之功、剥杂之力，欲速渐懈之志、浅尝敷衍之心，时或一曝而十寒之，或单习而不合演，或合演而不能尽神，单习而不能尽力，而欲求成为完璧者，当亦鲜矣。有心于此道者，企而加勉，专而后可。

阐释

七十二手使破招法，是与喂手者同练的内容。七十二手，手手皆练，先是二人对当，轻沉快慢缓疾合拍，切机恰当，由慢开始，熟而渐疾，疾而纯熟，乃初步喂手功成。继之是盘较，先是规定二、三手的连续拆破，再加至五、六手的拆破。这样的组合，可有多种编排，都练习精熟至巧后，就要各种兵器随机盘较了。直至件件入妙，内外功纯，百灵习职，步穿似箭如电，浮脂在完，阴消阳长，日夜可免大寐，只有小憩而已，三宝坚凝，此六步功也。

因为"七十二手使破"没有图象和文字介绍，只有手法招式名称，故不便于阐释，此为遗憾。

但攻防手法名称有许多与拳术手法相同或近似的，故读之并不陌生，这些手法可由读者自己揣摩而悟，充分发挥自己攻防的想象力，认真体会此中三昧，亦不失为习拳之妙法。我通过对"七十二手使破"名称、内容的仔细揣摩，感到收获非小，故而言之。

结束之文中谈到奇正问题，前面有了阐释，故不再重述了。

但其所说的"皆当各式分习合演，毕尽其妙，方有成就"，此乃习拳练艺拆手破招、盘拳过手的必行之论述。这一点乃是通用的方法与准则，我习拳时就是各种攻防手法分练而合演的，现在教人时亦用此法，效果极佳。可知古今练拳模式无异也。

下面说的断续之功、剥杂之力，是说内功不可间断，喂手、盘较亦不可间断。只有以静用动、动中亦静、随机用势、因时致变、柔化刚发、以柔用刚、因力制人，方是真刚的正道功夫，才能阴阳迭神其用，在神为，非人力也。此乃纯正之真功夫，不如此则难免夹杂后天有为力法。攻之则被人所借之，欲固守己身，又多助敌资，诚可惜也。

如欲速成则渐修无效，而生懈怠之心，或浅尝敷衍之心。时或一日练功十日闲，或单习而不合演操练，或合演而不尽心不注神，单习而不能尽力施展其妙。这样的练功心态、练功安排，欲求功德艺境圆满完璧，是不可能的。故有心于此攻防之道者，必须勉励自己，专心致志，慎终如始，方可成之。

前贤之论练功可成之道理，精辟至极，凡习拳者皆应牢记。否则，功臻神明艺境而具备神化之功，几乎是不可能的，只不过枉有习武练拳之名罢了。

与诸兵器对较歌诀

题解

与诸兵对较歌诀，关键在诸兵器和诀字上。在本歌诀中剑所对兵器有十种：枪、棍、戟、刀、鞭、铜、双镰、双拐、虎头双钩、剑。各种兵器都有其外形特点，这决定了其攻防用法的特殊性，故运用剑法时都要一一对过。不单剑法如是，运用任何一种兵器，都要在修炼过程中一一与其他兵器拆破过，达到精熟至妙。诀，就是各兵器对较的关键所在。在这首诸兵器对较歌诀中，从剑对十种兵器立论，取十全十美之意。然从"调匀视神与枢壳"句到结尾，乃通用法则，见解相当精辟！亦是难得之论。正所谓"诀者，入门上手之窍要也"。习拳者，亦应仿此而与本门宗技者较，再与各门宗技之修炼者较，一一拆破，达到精熟至妙。至此何患技艺不精乎！下面就逐句阐释之。

> 枪指其头棍指根，戟刀鞭铜外门寻。
> 若逢双镰与双拐，左右腾转两边分。
> 虎钩当闪莫贴身，乘机便可取人魂。
> 剑与剑遇步飞腾，灵稳肩肘腕要匀。
> 调匀视神与枢壳，审气观变于玄门。
> 知神知气便可以，超众致人妙在神。
> 气随玄门连枢壳，相应不分斯足已。
> 切将要法进攻门，一概虚招问点真。
> 大闪旁通偷入步，他虽灵妙也难分。
> 眼宜清明胆宜细，精力缠圈神凝熟。

　　枪指其头棍指根

阐释

　　械斗术中讲求枪扎一点，棍打一片，刀劈一线，剑走幽元。针对枪扎一点，较技时之诀窍乃用剑直指对手枪尖，即枪头处。这样有两点好处：一是对手用枪虚点，可虚应之，以守为主，观其动变之玄门，以变之；二是对手用枪实招点刺，便可顺其玄门，沿枪杆滑之而进，直取对手要害之处，以刺、点、揭之。故用枪之法有"枪怕摇头"之说，即枪尖不直指对手之中枢，而犯枪头上下左右乱摇之病。此皆因不知用枪之前把手为准手、活把，后把手为调准手、死把加力手，而用前把手为死把手、摇抢乱动之把手，造成枪无眼、无锋、无锐利之威风。用剑之人针对枪法的局限性，提出了见枪指其头的诀窍。

用剑遇到用棍的对手，要用剑指其根把手。因为棍打一片，其势威猛，直取其根把手而用招式，乃避其锋芒，击其惰归之妙法。从破戒棍法之绷进、直进、扫进所用的揭破、倒逐马、入中原等招式中，就可知道用剑破棍"棍指根"之精义了。棍法之势虽猛，然弱点在根把上，故有"棍怕点"之说法。用棍之法妙在变把，棍在双手之中穿梭如龙，是谓"死活变把"的真功夫。练至此境界则无被击之死点了。

戟刀鞭铜外门寻

阐释

戟属长兵器，如方天画戟，尚有双短戟、短戟，亦属鞭铜类。刀亦有大刀、单刀、双刀之分。大刀、大戟可同论，遇见用者，外门寻。用大刀、大戟之外门，有左手前右手后或右手前左手后的分法。左手前者，外门在左手外；右手前者，外门在右手外。寻其外门是给对手添麻烦而便利自己，便于施招用手。

刀、鞭、铜，无论单双，皆应取对方臂外的方位，方可寻其玄门而入。短戟亦从此而论。

械斗术中讲求"刀走黑，剑走青"。这是说刀乃单刃，背厚，刀法势沉重；剑双刃，中脊，剑法势轻灵。而鞭、铜等兵器，虽短而重。走外门，乃取对手一远一近单势之机，可寻隙而进。入玄门而易得手。

若逢双镰与双拐，左右腾转两边分

阐释

双手短镰，击打勾挂，攻防同时，变化多端。双拐，圈拦圆扫，折叠点打，攻防呼应，神出鬼没。此两种兵器虽然不起眼、不出奇，但如以单剑对之，既不能进身直取，又不能与其正面拆破。只好左右腾挪、旋转变化，在造成对手镰、拐左右分开不能呼应之时，进击胜之。我曾遇一右手持镰的莽汉，正面以镰刀尖劈我头顶而来。我上左步，侧闪身让过，左手由上向下顺势点击其右腕，其镰刀脱手，我顺势翻手用左掌击其右腮部，其应声倒地。这旨在说明诀中的"左右腾转两边分"的妙处及实用价值。

虎钩当闪莫贴身，乘机便可取人魂

阐释

虎头双钩，前钩后枪，外把手如月牙，两头尖，器长三尺有余，双手运使，似螳螂之双臂。变化多端，非有臂力之根基者，不能运使入妙。由于前钩长，后枪尖短，可长短攻防互用，勾挂击刺互使，对手难以进身。其优势如此，但必身法灵妙，方能运用自如，无牵扯吊挂之弊，时时处处攻防同时体现，同时存在。否则，恐自受此兵器所制而伤身。

故遇运使虎头双钩者，当以闪门法应之，莫要轻易贴身。否则有被其后枪尖、月牙双尖点击刺伤可能。故以闪展腾挪之法，造成对手左右双钩不能及时补救，身法滞呆的瞬间，一击便可制敌而胜之。此乃身曲剑直之妙用，破虎头双钩之策略。

　　剑与剑遇步飞腾，灵稳肩肘腕要匀

阐释

　　剑与剑相遇，乃相同兵器的对决，要点在于内劲的腾挪之巧与外形的闪展变化，即步法腾挪之灵妙。这是由坤为吾母乾为父，太极一气贯来衡，周身灵稳准，内外一齐通的攻防艺境决定的。敌剑未动，而我先知之，一目了然。如此便可应变通权，顺随为法，避向击背而胜之了。只有这样，才能肩、肘、腕、手，大小枢机随机应变而无过不及，才能胜之。胜机其实是"不是我击败对手的，而是对手让我这样击败他的"。只有持这样的攻防观念，才能神行一片，灵动先知，大小枢机灵动恰当，此正是剑法中"三直六揭"之妙法胜人的所在。但关键在知"玄门"。

　　由上述所论观之，用剑之法，因对手兵器不同，具体策略、战术方法不尽相同，此乃具体兵器具体对待的法则。假设自身的攻防动静机制健全了，就要在运使上下功夫，不外就是"以听探之良知运用顺化之良能"的以静用动、动中亦静的周而复始的运行，以柔用刚、柔化刚发的技术方法的实施以及避向击背、以实击虚、以虚胜实的应用。法则确立了，还要知道一些具体运使的窍门要妙，才能周全，这就是下面歌诀中每句话之要妙处。让我们继续阐述，以解得此中精义，为我们所用，因为这是传统手战之道的共性法则。

　　调匀视神与枢壳，审气观变于玄门

阐释

此句话在攻防之道中具有广泛之意义。视神：一切察知对方虚实动静变化的功能总称。枢：自身内外的神、意、气、劲、形、中六合一统的内主外从的层层中枢。外形中的天、地、人三才部位的人才部位为中枢；地才部位为根枢；天才部位为首领之枢。但以三才立论，乃神、气、形，气乃神、形之中枢。壳，窍也，大小枢机之部位。关于枢壳的体用内容，《少林拳经》有问答歌诀，记之如下，可以对照参考。

问曰：拳法足以克敌，何也？

答曰：在披窍导窍。一身节节有多般，百法收来无空间。谁能熟透其中妙，恢恢游刃有何难。

在本经中有"十二含""十三随"的内容，皆谈枢壳之内容。

调匀：即自身视神的听探之良知和枢壳的顺化之良能的相互为用，无过不及。与对手攻防较技之时，亦要随其动静变化，无过不及，不先不后。是谓均匀，亦名停，即施招用手、施手用招的停停两分，无过不及，落点不先不后之谓也。

调匀视神，即指"神窥其势，意觇其隙""神以知来，智以藏往"的功夫，亦含罩眼之功夫。

审气观变于玄门。审，审时度势之审，即神窥其势，意觇其隙。察来势之机会，揣敌人之短长，就是审气度势的内容，即擒人在于气。能够战胜对手的首要条件在于知彼。敌未动己先知，是观变于玄门的目的。

观变于玄门。此玄门者何？阴阳转换之处，气形变化之根，攻防招法转换变化之枢。旧力已去，新力未生之时机，皆谓之玄门。简言之即"有无相生"之根枢处。按本经文所指，玄门之关要处乃是"上视眉间"，上关胜负之机，"中视其颈"，中关起伏之枢，"下视脐带"，下关引诳之变。虽分三视而论，然一罩眼皆可一目了然。

而门者，又有上中下"三门"的前后左右十二门。故曰：招式变化分三门，仔细推来仔细寻，莫把神机看轻了，务必功力体精神。以上皆为玄门之内容，下面还有论述。

能观玄门便能知敌之动静变化，静以待动有上法，动中处静有借法，随其变化而用招法，稳操胜券乃为易事了。

知神知气便可以，超众致人妙在神

阐释

虽是审敌料势，观变于玄门，有观神、观气、观形三观之内容，然较技中从简从易，只观察到对手的神、气之根枢便可以了，形乃是次要的。故知审敌料势"三观"之观形、观气、观神，观形为次，观气为次上，观神为上。是谓知敌有三等：上等知神，中等知气，下等知形。故审敌度势，能审敌之神、气，知敌之神、气的微妙变化，便可知敌之变了。即敌未动，我已知悉其将发之意。此乃前知功夫。有此前知功夫，超众人之艺而能制人得胜，其奥妙全在"神以知来"的功能上。

气随玄门连枢壳，相应不分斯足已

阐释

人之玄门已知，又如何运用玄门呢？此玄门所指，即"一身节节有多般"之处，皆为"有无相生"之玄门。此枢壳读枢窍，亦是指外形。仔细分析，玄门又有神、意、气、劲、形、中六合一统，由内至外及由外至内的"听探之静，顺化之动""动静互为其根"的主从内容。有了内外的枢窍、玄门，但又如何相连结而贯之呢？这就要依靠内气了！虚实相须，内外一而贯之，也正是"百法收来无空间"之精义。此虚乃外形，此实乃内劲。相须是指内劲、外形在攻防中各自的作用和功能。诀云："用刚不可无柔，无柔则环绕不速；用柔不可无刚，无刚则催逼不捷。"按剑经之论"阴阳迭神其用"，就是阴柔之外形体的柔化功能与阳刚之内劲体的刚发功能。这就是柔化刚发的法则，如此才有以柔用刚的技术方法，并能达到粘走相生、化打合一之至用。而此粘走相生、化打合一之部位，亦可称其为玄门。上述之内容，就是"气随玄门连枢壳，相应不分斯足已"之精义。这句口诀乃解释上句"超众致人妙在神"之精义，即"一气灵明不昧谓之神"。此神就是太和一气之功能，能够内外虚实相须，一而贯之，谓己为一。再与对手"粘走相生，化打合一"，只见一而不见二，这又是"气随玄门连枢壳，相应不分斯足已"之深意。此深意就是阐明擒人在于气的技术和方法了，即以柔用刚的技术方法。故此才能做到以静制动，即以听探用顺化；才能做到以小力打大力，即避向击背；才能立于不败之地，即顺随为法，沾连粘随，一羽不能加，蝇虫不能落，人不知我，我独知人；才能做到以弱胜强，即以柔克刚。

　　而功夫到无形处时，正是健顺之体的至德全神之候，是名太和一气。太和之谓道，亦名太极，此正是神明艺境，具备神化之功。功用到此，正是"气随玄门连枢壳，相应不分斯足已"之本来精义。功用火候到此，气充神足，已入化境。对于一个习拳者来说，能臻此境，亦知足矣！

　　　　切将要法进攻门，一概虚招问点真

阐释

攻防较技，由己门出招，破彼门而入，方能登堂入室以击敌制胜。此乃手战之道的常规。俗云："不得其门，而不入也。"然得门易而破其门难，故前人多有总结得门、破门之说法。如打顾不打空。出手问招，打对手所顾之处，以探其虚实，待对手防守变化就攻其防守虚空薄弱之处，易胜之。因为原有的空不是空，可能是诱我深入击打之陷阱。又有"见孔不打见横打"，亦取此义。

见孔不打见横打：出手问招，见对手防守之隙间，虚点而问，其必防，则攻其横，易见效果。

攻其必救：即攻对手要害之部位，其必救之，则其易暴露大的空隙，继而击之，则易见效果。

不招不架，就打一下：当敌击来，精神为之"打开"，转身进步，直捣其隙，无不空中投石，立败对手。

上举数例，旨在说明，手战之道攻防的要点、方法，要放在如何破门而入的具体内容中研究，才能体现其较技施招用手的根基功夫。这样就可在较技时，"静以待动有上法，动中处静有借法"。即可先上手攻击，又可后动手反击，达到无所谓先后动手，皆能相机而用。此乃刚发他力前，借力打力；柔乘他力后，四两拨千斤。总之，寄奇于偶内，随时可顺从以为进退，逆力以为揭献，胜敌于顷刻之间。这就是平时对进攻破门诸法的精研细练所得之攻击功夫。

而在研究破门的技法及运用时，一概虚招或问或点，以防对手藏奸使诈，不可用实取之势。虚招问点，内中自藏有诸般变化之妙用。如对手无防，则虚招变实取，可立胜；如对手实守，则变而化之，在其自露空隙之处实取之。此乃稳握主动权之妙法。虚招问点，可探明对手之虚实，以利进攻退守之变化。而此虚招问点的方法，乃是进攻破门而入的至要藏妙法式。如能将虚招之问点做得逼真，即似实取之招，敌不得不实应。这样，敌先露隙于我，我自占先机。此乃虚招问点的绝妙之处。正所谓虚惊实取、似取实惊的"虚实变幻之妙，存乎一心"。此乃研究破门的精髓。凡虚招之用有三法，一曰即引即进，二曰半引半进，三曰虚拢诱诈，只在一转。得此虚招三法之正传者，破门而入、进内击敌、立胜对手乃成易事了。手战之要法得矣！

大闪旁通偷入步，他虽灵妙也难分

阐释

由于此属兵器之争战，故有大闪之说。前论主动出手的虚招问点而又逼真之法，此论他人攻来的闪化腾挪之法，即偏闪空费拔山力，腾挪乘虚好用机；让中不让乃为佳，复去翻来何地立。而此论闪化之用，一在偷步，一在旁通。旁通，是指闪化对手之击时，早知旁边可通击敌之所，正因为知道来击之敌的空隙，故在闪化之时，已有步法腾挪予伏之位了。此步法予伏之位，是名偷步。左闪则右步已偷入，右闪则左步已偷入。偷步与闪化同时完成，则另一足复进而击敌，可立胜。此乃传统手战之道中的半步打法。

采用闪化偷步的半步打法，对手即使灵敏捷妙，也多难于分辨清楚而落败。因为打了个时间差，即你打我打不着，我打你跑不了。由此可见，械斗和拳技，在运用技术的方法、原则上是一致的。

眼宜清明胆宜细，精力缠圈神凝熟

阐释

此总结了与诸兵对较歌诀的内容，即"眼清明而灵者，审视有先见之明，知其未发之招，悉其将发之意"。眼有神光，明察秋毫，可威慑对手，又可战乱敌。但眼明还要心细、胆大，无所不能为。心细如发，知觉知变化无差，能知变化无差便放胆为之。此并非妄为。

精力缠圈：内劲、外形，柔外刚中，错综往来，沿路缠绵，而又饱满圆融。妙手一运一太极，迹象化完归乌有，正是精力缠圈之精义。神凝熟，神以知来智以藏往。此正是"精力缠圈神凝熟"一句的精义。至此乃达神明艺境，具备神化之功了。

从"调匀视神与枢壳"到"精力缠圈神凝熟"句，皆是传统手战之道的通用诀言和练、体、用的通用法则，故应熟记之。

拆字精义

用"之"字：中撇挡住兵刃，初末二撇伤喉羞。

用"也"字：末勾取首耳。

用"半"字：取两睛。

用"丁"字：勾双羞。

用"人"字：初撇里揭腕，二撇外揭腕。如兼用，以头笔开兵刃，二笔左揭腕，顺用右揭腕。

用"完"字：宝盖取明堂，双肩二横取项。

用"共"字：两点取双足，左拨左点，右拨右点。

用"一"字：是里门夺兵刃损手。

以上散字，非体验入神，难以入妙。若以粗浮之功试之，岂能得心应手也？

阐释

字拳之法，非只一家之言。我常以"永"字八法教弟子熟悉单手招式手法，并以草书数字练习连手招法，全在空中自画而练之。怎知此经之中，前人早有成法，又只是拆字取笔势而用之。下面逐字细解其精义。

"之"字，中撇挡住兵刃，乃顺势挡住对手之兵器，属于劈或提，暗含两种格挡之法。由上往下为劈（斜）势，往上斜领为反提势。二撇伤喉羞，是说：斜劈势就近一撇伤敌喉部，反提势就近一撇可伤敌下阴。

"也"字，末画之勾短而小，末画之横长，横可取颈削首，勾可附带取耳。左右可相机而用。

"半"字，半字之两点，乃含取两睛之用，剑势劲道之准，一打两点击之妙。

"丁"字，一横可划双眼，一勾可伤下阴。

"人"字，抢里之里，揭敌右腕，外揭敌左腕；亦可抢外之里，揭敌左腕外侧，外揭敌右腕外侧。如兼用，以头笔开兵刃，二笔左揭敌右腕，顺势而用，右揭敌左腕（此乃右手兵刃抢里门之手法）。

"完"字，宝盖一点取明堂穴，一点一横，一勾，取双肩，二横双取项颈。

"共"字，两点在下，故取双足，左拨左点，右拨右点。

"冖"字，抢里门，夺兵刃，连带揭腕伤对方双手。

以上数字，是明剑法散手招式，只有练之纯熟，方能入神、入妙。若以粗浮之功试之，岂能得心应手？何谓精熟入妙？自能连续顺随而施，势势应招准确，委之于自然之神，因时而变，因力制胜，自是精熟入妙之境。若顶扁丢抗、尚气用力、大劈大砍大封，是为粗浮之功，如何能得心应手！

此拆字法，可与历代所传"九宫手"的斜擢、斜领、上擢挑、下栽捶、里摆、外摆、斜劈、斜摔、直拳九手相媲美，亦是自成一法式的。故不应视为散手，可视为基本技法、手法。故我论拳之练用，有双手攻防同时体现的"米"字八手，即压打、拦打、搬打、摘打、分打、提打、托打、搓打、直拳，共九手。而将米字拆开，不就是"拆字精义"之法式么！由此可知，手法招法，皆以"九宫手"为基本，复合成之。

知道了"拆字精义"的内容，习拳者研究攻防招法，可谓掌握住枢机了，自然可达圆融之艺境。此乃从简易入手而知繁杂，虽繁杂却有条不紊，故不乱。故能致全体大用，复归于简易。至此境便可触类旁通，成为明家、通家，不枉习武练拳一场！此可谓有始有终之完人了。

灵源秘筏

题解

谚云："精养灵根气养神，拳功拳道见天真。丹田养就长命宝，万两黄金不予人。"此灵源秘筏，即灵之源头。灵之源头乃炼精化气，此气所成之体，乃健之体。秘筏：渡人至彼岸之法，名为宝筏、渡舟、仙航。秘者，秘不可见、秘而不宣之诀窍。

夫刺猿剑法，乃至妙变化之自出。其身式忽高忽低，或左或右，似进非进，似退非退，进中退、退中进、近而远、远而近，恍惚形如定。其中有诈诳引骇之式、横斜奇正之机，以十二式连合一式，谓之刺猿。非身柔若絮，灵活稳准，难以为此也。

阐释

健之体，乃灵之体。拳诀"首统乾之体，乃全身之总领"中的乾之体，即健之体，又名灵之体。

刺猿剑法，非一招一式之名。能以十二式连合一式，谓之刺猿。而此十二式，乃针对前文九宫三十六式中演化出来的前、后、左、右、中各十二式而说的。此指十二式连手发招，合一式而用。

刺猿剑法的特点是攻防招法至妙变化自然化出，即自己生化出来。虽其式的身法忽高忽低，或左或右；似进非进，似退非退；或进中退、退中进，似近而实远，似远而实近，恍惚之形变幻无定一般，实而有一定之规矩。然就在此变幻无形的身式之中，蕴含着诈诱、诳骗、虚引、惊吓之虚招，潜伏着横冲直撞、斜行直进、奇正相变之伏机。但皆以"自出"为其特点。然非身柔如絮、形体似水流、灵活稳准，难以为此也。

此论刺猿剑法，好似"养灵根而动心者，敌将也"的功夫，其艺境也是很高的了。从中可见剑法的施招用手，施手用招，以十二式连合一式，势如波涛汹涌之长河，能不惊骇对手吗？此以势胜人之法，妙在身柔若絮，灵活稳准，可知功法娴熟而又深厚了。内功、外技相机而用，因时至变、因力制人。立体发用之妙，件件原委于自然之神，统蓄以先天寸绵之力，为"无为无不为也"之真功夫自现矣。

读此文当知传统手战之道身柔若絮方有灵活稳准，乃是法眼之处。此乃"因形炼形"之所至也。正是"形剑之名，后天之功，果能以先天之神为体用者，亦足以向机御变，因变致神。是形剑又顾名思义者也"。

所谓先天之神，即健之体，顺之体，合之至者也，是名太和一气。此太和一气，灵明不昧，谓之先天一气尔。故曰此为先天之神，即至德全神的自身之天。此天乃本体之谓也，即阴阳相抟谓之神的阴阳相抟所见之天。呼此本体之天为先天，其所具功能名为神，故合而名之为先天之神。

而此"天"字，陈鑫云："人人各保其天。"说的就是自身之天也。

明此可知传统手战之道的建德体、至道用的练用之法了。

十二形名列后

穿九曲珠，开迷魂锁，春风舞蝶，递风使船，迎风合扇，随滚绣球，点水蜻蜓，提壶洒地，扶龙摇，卧平沙。

阐释

此十二形名内容，乃上述刺猿剑法中的"以十二式合一式"之剑招。加刺猿、飞仙两剑，方合"十二形名"。但只知其为剑法招式，无从解之，因无图象说明。观者可凭悟性自解之。悟性高者，自能揣度八九不离十。

飞仙剑

飞仙剑，乃含形随应致变之剑，亦当暗暗纯习，克造其极。皆从他力取法，要在心空灵，而手灵妙，猝变无心动徨徨之色，动静皆自然，非勉强也。自然之力，由于习惯也。尔等能潜神熟炼，自可时至神知，山人亦必从而默为诱劝、比较，何患剑术不成也？

阐释

此段原在"十二形名列后"之后,无独立标题。此节标题为笔者据文义所加。飞仙剑法,含形随应致变。刺猿剑法,至妙变化之自出。此两者不应在剑招上区别,而应在用法上区别。正所谓"剑法之妙,妙难尽言"。

剑分先天与后天。先天之剑,灵活自然。敌剑未动,而我先知之,一目了然,便可应变通权。彼进我退,彼后我先,彼低我高,彼左我右,彼直我横,彼提我伏,列此数端,可以类明。此段分清先后天之剑。先天剑法,顺随为法,重在神机,这是说飞仙剑法的。而"倘然他来得快活,我速伏退守,乘虚再攻其不备,彼必忙中失色。此败以伏胜之法,亦一破十二连宫之法。乃后天之剑,机在于肩,为发转之源;枢在腕,为曲直上下左右之宫",此后天剑法,亦顺随为法,重在形之枢机,是说刺猿剑法的。

明白了先天剑法和后天剑法之异同者,名"青白眼"。

飞仙剑法,乃含形随应致变,即随其变化示神奇的功夫。暗自纯习潜修,用心在沾连粘随之法上,克己之欲而登峰造极,可达神化之功。

此时自然无法,而无法有法,此法从何而出之?从他力取法,即借他人之力的方法。或顺从以为进退,四两拨千斤,或逆力以为揭献,借力打人。此即无法之法,无法是法之法,此法最难。但惟是法最佳。

从他力取法之法,要求自身具备条件,即"要在心空灵,而手灵妙,猝变无心动徨徨之色,动静皆自然,非勉强也"。即自身全体透空,听探敏捷,顺化灵妙。即便猝然之变,也无动于心,只因意在人先,柔化刚发,动静变化自自然然。顺势而用,随势而变,因势而发,全凭听探真切,顺化恰机,故胜敌只在接触之瞬间。此乃功夫精纯者所能为之。

自然之力，由于习惯也。何谓先天自然之力？即阳刚的健之体，阴柔的顺之体。二体合之的德之体，谓之太和一气。而此太和一气所表现的能力，称为自然之力。

先天者，人之先天尔。修炼而至太和一气之境，谓人之天也。此乃先于人而存，故曰先天。

此天之能为何？古云："天之知物，不以耳目心思，然知之之理，过于耳目心思。"

所以说，具备自然之力者，自有知人之能、顺化无迹无形无象之妙。拳家将此列为拳道合一之艺境，其描述自然之力的攻防能力和攻防功夫艺境时说：放之则弥六合，其大无外；卷之则退藏于密，其小无内；卷放必得时中，丝毫无差。一羽不能加，蝇虫不能落。人不知我，我独知人，故英雄所向披靡。是有关学力之真实功夫尔。

然具此自然之力者，并不神秘。自然之力，由于习惯。按正确方法修炼而自然出现的能力，使之成为习惯，习惯成自然。什么是正确方法？即建中立极，顺随为法，沾连粘随。不丢不顶不扁不抗之习惯成自然，自然之力也就逐渐形成了。

尔等能潜神熟练，自可时至神知，山人亦必从而默为诱劝、比较，何患剑术不成也？

此飞仙剑法，就是神剑。神剑修炼的就是自然力的功夫。只有建中立极，尚意不尚力，顺随为法，沾连粘随为技，随彼伸屈，不自妄动，潜心修炼，方可熟而自然，自然而然，时至自然神知境界自然而来。穷神知化，与天为一。存神以知机，德滋而熟，所用皆神，化物而不为物化，此圣希天之实学也。神化者，天之良能，非人能，岂己能勉哉？乃德盛而自至尔。

自己明理知法而潜修，再有山人（老师）默为诱劝、比较，还怕剑术修炼不能成功？不能登峰造极？

此段先天神剑修炼之论，正是传统手战之道修炼之无为法内容，故可达无不为之艺境。而关键在对自然力的理解、认识上。知者，便可循法而登峰造极，达到神明艺境，具备神化之功。而自然之力的培养，必须"从他力取法"才是正途。于此论可知：神剑、神拳，关键在一个"神"字。只有穷神化知，方可与天为一，即达天人合一之艺境矣。此乃无上艺境。修炼者能至此，则功德无量矣！

剑经结文

题解

对《浑元剑经》的阐释，终于到了尾声，进入对"剑经结文"的阐释了。"剑经结文"分了六段来说明写作《浑元剑经》的原因以及修炼浑元剑法的方法、过程、条件、信念、态度等多方面内容。文中包含了作者对传统手战之道修炼价值的认识及对后人的无限期望之情。作者深切而真挚地期盼后人能超越前人，并由衷地发出"更吾山人之乐也"这一传道者的心声。为详细阐释"剑经结文"中的全部内容，下面分段一一述之。

夫剑为兵之祖，百艺之先。既非小技，岂可轻传？可坚体以全命，当细心审以精研。若朝夕之功，鲜能奇验。非年月之功，难以身剑齐完。当瞬息存养，绵力无间，方与大有成就。

昔欧冶之铸剑也，取金刚之阳精、铁石之阴精，火为父，炉为母，纳五行罡气入于炉内，九转以成。虽是剑形，亦通灵妙。

神剑乃仙佛之宝器，气剑乃地仙之凭依，护法除精，形剑乃纯儒之珍重，需以斩情根、习体形，尤当习琴以化暴气，使外无圭角之偶露，因以生事也。

惜乎形剑之不传也亦久。夫欲习上乘之法，当先存一点救世之心，方可习也。永久学者，先具信心；而后传者，投以实在。学者固当择师而师；师亦当择弟之贤朴不恶者，始能渐为指点玄关，豁其路程，诱之以造于极。尤必传者，遇明师，学者有英俊者，伴亦良善，境遇富豪，父兄乐使之学，在学者，无间隔厌故思迁之意，亦须朝夕聚首，一息铸成，更当伴侣互相对较，无忌心、无斗心、无厌心，久而能按部就班，去习不以偶惰致辍。此数者，缺一难许大成也。

自传道者以盲印盲，而习者亦以误传误，甚至真诀日晦，尽是皮毛之学。是以仙俗日相殊阔，言语难通。欲习者无处寻真师益友，欲传者无处择忠孝之完才，两相间隔，咫尺天涯。吾山人今所乐传其详者，正以才之难觏也。个偶逢之，又安敢秘不宣泄？因不惮苦心唇力，切为讨论，分门以究其源，缕析条注，琐屑之至。虽属玩物，而其中动静作用之机，随符道脉，入手之要。得诀者永习无惰，亦足以成大乘之道，岂但天仙地仙而已。然个中精义之妙，尚有难以言宣笔记者。待尔功用充足之后，再为补遗，以资后学之取法焉。

兹者按其概略，先仅为跋，以期昭垂于不朽云。尔果能遇有志之贤弟子，当循之代吾山人，代为传点，化施后觉。或有超出者，更吾山人之乐也。吾日望之，直待缘遇，再畅清怀可也。

南宫许立福敬抄于北平寓所

夫剑为兵之祖，百艺之先。既非小技，岂可轻传？可坚体以全命，当细心审以精研。若朝夕之功，鲜能奇验。非年月

之功，难以身剑齐完。当瞬息存养，绵力无间，方与大有成就

阐释

剑器为诸冷兵器之祖，而剑法、剑术、剑道，为诸般武艺之先。明代有十八般武艺样样精通之说。而此说"百艺"，即百般武艺，百字形容武艺内容之丰富。此外又有"百拳"一说，与此类同，皆用"百"字形容众多尔。这里，十八般武艺要和十八般兵器分开认识。十八般武艺是说修炼项目的分类，十八般兵器只是从一般兵器的种类来说的，而"百艺"却涵盖了全部内容。由此可以看出著剑经之人对剑器、剑术的推崇。

剑术、剑道的修炼，于己可健康长寿，光灵明而不昧。可防一身之害，资三捷之成，珍为至宝，运可神通，实亦入道之基。功成自为"文兼武全将相身"，具备经纶之才，大可赞育天地，立于其间，必足以止戈于亿万代之后。非小技也，故不可轻易传之。

既然知道剑术、剑道的"建德体，至道用"的至德全神、坚体全命的价值，自当细心审察其练、体、用的本末根由，精心研究"建德体"之法的内容及形剑至妙变化自出的机制和神剑含形随应致变、从他力取法的奥妙。又须明"至道用"中此两者之区别处。最终必须一理贯通，方能以文观法，以形鉴真，而成为明家、通家。

然内功修炼，并非朝夕可成。必须朝练外功夕炼内功，持之以恒，方能有奇效。非积年累月之功，不能精足气清，气足神灵。只有内而精气神，外而筋骨皮，浑成一片，方能身轻如羽，变化莫测，听探知人所不知，顺化能人所不能。能先知于人，必能先机于人。功臻至此，故曰：身完天下无敌手，剑完四海少敌兵。能此二者，可超凡入圣，功得正果。此正是"本末清，始终

明"之功德。

当瞬息存养，不可间断，以养为炼，方是真养、真炼。正所谓"十二时辰都是练功时"。只有这样，先天自然之力才能无间，即以先天之神为体用。太和之气本自无间，是指太和一气流行"放之则弥六合，其大无外；卷之退藏于密，其小无内；卷放必得其时中，丝毫无差"这一功夫艺境而言的。功臻此神明艺境，具备神化之功，是为"大有成就"。

> 昔欧冶之铸剑也，取金刚之阳精、铁石之阴精，火为父，炉为母，纳五行罡气入于炉内，九转以成

阐释

春秋战国时期，各国战事频繁，剑器的制造得到空前发展。

据专家考证，吴越是剑器首先发展的地区。吴越地处南方，田埂错落，水网纵横，战车无用武之地。因此步兵及水兵为军队主力。剑器携带方便，杀伤力强，就成了吴越士兵的重要武器。《考工记》曰："吴粤之剑，迁乎其地而弗能为良，地气然也。"又说："吴、粤之金、锡，此材之美者也。"此所说的是吴、越有铸剑的良好条件。

> 虽是剑形，亦通灵妙

阐释

剑器虽然是精工所成之物，然亦能与使用它、珍重它、爱护它的人通灵性之妙，即与运使它的人会有灵性相通之妙趣。所谓家什器械得心应手，就是通灵妙之意。过去各类工匠的器具家什，不轻易借人使用，宁肯亲自帮忙，也不愿意将器具借人一

用，更何况能够护身的剑器了。正所谓：光灵明而不昧，持剑随手指点，可防一身之害，资三捷之成，故练家子皆将自使之剑珍为至宝。这正应了古人一句话："道似无情却有情。"以此论"虽是剑形，亦通灵妙"之精义，再恰当不过了。家父曾言："练家之兵器，可视而不可触摸，视乃眼福，触摸则犯忌讳。"今日始明其义。

神剑乃仙佛之宝器，气剑乃地仙之凭依，护法除精，形剑乃纯儒之珍重，需以斩情根、习体形，尤当习琴以化暴气，使外无圭角之偶露，因以生事也

阐释

神剑者，神明艺境，神化之功，乃含形随应致变之剑，皆从他力取法，自可时至神知，有感而应，寂感遂通，为不期然而然，不期至而至的大成剑道功夫。其以仙佛喻之，说明乃"剑道合一"之无上艺境，相当于拳术中"拳道合一"之无上艺境。

气剑者，巧手艺境，相当于拳术中的暗劲功夫阶段，即"劲形反蓄、阴阳逆从"的功夫境界。因地仙之说，在仙家的鬼仙、人仙、地仙、神仙、天仙之五仙的说法中居中间位置，故借用而知之。

形剑者，至妙变化之自出的剑法，即入门之剑法。修此剑法亦应恭敬而又珍重，崇尚温和儒雅之气。需断七情之根，一心清静。初习体形柔若无骨，身若絮柔，继至势正招圆，尤当习琴化净暴烈习气，使外无棱角，内自圆融。不单剑法如是，做人亦如是，方得形剑之妙。

此段以神剑、气剑、形剑立论，说明剑法有用形者、用气者、用神者三个深浅不同的艺境。这同《内功经》《神运经》中

所言的形、气、神的观点是一致的。如以形意拳的明、暗、化三劲之说来比照，自是有异曲同工之妙。可见历代大家之论，皆真一不二也。

惜乎形剑之不传也亦久。夫欲习上乘之法，当先存一点救世之心，方可习也。永久学者，先具信心；而后传者，投以实在。学者固当择师而师；师亦当择弟之贤朴不恶者，始能渐为指点玄关，豁其路程，诱之以造于极。尤必传者，遇明师，学者有英俊者，伴亦良善，境遇富豪，父兄乐使之学，在学者，无间隔厌故思迁之意，亦须朝夕聚首，一息铸成，更当伴侣互相对较，无忌心、无斗心、无厌心，久而能按部就班，去习不以偶惰致辍。此数者，缺一难许大成也

阐释

可惜呀！形剑的真功夫不能光大承传，时日也久远了。至于形剑者，后天之功，果能以先天之神为体用，亦足以向机御变，制敌而能胜。

如欲习上乘之气剑、神剑之法，当先存一点救世之心，方可习内功法也。气剑、神剑者为何？即"极之则光闪耀而人影无踪，身飞腾而剑芒倏忽"。气剑者，或一跃千里之遥，纵横随其意向；神剑者，或静息方寸之间，神威感于至诚。故习此上乘之法者，不存一点救世之心，功夫不能上身。若私心盛，易入魔境也。故明师遇此私心盛者，只授形拳、形剑而已，绝不授气剑、神剑。非是其师保守，实为保护其人不受魔之侵害尔。

永久学者，即形剑、气剑、神剑全部修炼者，应先具必成之信心。只有这样的弟子，传道者方能投以实实在在的传授，自然毫无虚假。学者必然可成。

习武练功，学者固当选择明师。为师者亦当择朴实不恶者为传人。为师者必以理、法、术、功教之，使弟子造于极境。

英俊者何？英雄之才，俊杰之士也。此英俊之才，得明师传授，潜修熟练，时至神知，施招用手，能柔能刚，能翕能张。明师能遇此良才，亦为师者一生之乐事。故遇此英俊之才，尤必传之。

如果此英俊之才家境富裕，父兄亦乐使之学艺，而无见异思迁之意，惟专心修习，则欲成就，还应与同习者互相喂手、盘较。而在喂手、盘较过程中要无猜忌之心，无斗心，即以无争之心而练。无斗心则暴烈习气自除，而道心必固。人心不死则厌烦心出，道心日明则无厌。这样练功日久，自能按部就班，去掉不良习惯，不会因偶然的懒惰而中断练功。此数条缺一难大成也。

自传道者以盲印盲，而习者亦以误传误，甚至真诀日晦，尽是皮毛之学。是以仙俗日相殊阔，言语难通。欲习者无处寻真师益友，欲传者无处择忠孝之完才，两相间隔，咫尺天涯。吾山人今所乐传其详者，正以才之难觏也。个偶逢之，又安敢秘不宣泄？因不惮苦心唇力，切为讨论，分门以究其源，缕析条注，琐屑之至。虽属玩物，而其中动静作用之机，随符道脉，入手之要。得诀者永习无惰，亦足以成大乘之道，岂但天仙地仙而已。然个中精义之妙，尚有难以言宣笔记者。待尔功用充足之后，再为补遗，以资后学之取法焉

阐释

当然，在传授传统手战之道的历史长河中，有的传道之人，自己不知道"建德体、至道用"的精义，只传套路而毒害他人。而习练者又不辨真假，以误传误，导致练、体、用的真诀和真功

夫日渐晦暗而失真。最典型的就是将套路当作真功夫，而不知攻防招法拆变的运用。更不知形拳的至妙变化之自出，关键在身柔若絮，灵活稳准；神拳的含形随应致变，皆从他力取法，关键在心身空灵而手自灵妙。能如此潜神熟练，自可时至神知。因此传统手战之道的行家和俗人的识见就日益不同，也难沟通了。此乃以假乱真之弊病也。

由此造成欲习传统手战之道之人无处寻找明师学艺，亦无处觅得真功夫在身的良朋益友以讨教，而欲传真功夫之人亦无处觅得忠孝两全之完才。欲习者，欲传者，同处人世间，却如隔世，互不能识。虽近在咫尺，却像各在天涯。这说明传统手战之道的传承之难。

我今之论述详细备至，正因为人才难得。偶然有缘而逢之，又安敢秘而不宣？而今只能执笔立论，不怕耗精劳神，苦心费力，全部为之讨论，分练、体、用以究其源，缕清析解，分条注疏明白，故琐碎详细之至。

传统手战之道，虽属玩物，然皆内实精神，外示安逸，静如好妇，动如惧虎，布形候气，与神俱往。而此中动静之机制，气形健顺和之至，与道是一脉相承的，此乃练、体、用的入手之要妙，即"养精者，饱含真永之精以炼己；养神者，外养全体之神以合气"。

得此真诀者，即"以先天真人呼吸法，寻得先天真人呼吸处"，而能持之以恒习练，又无懒惰之情，必能修到神明艺境，达到"浑身无处不太极，挨着何处何处发"的艺境。继而达到"以柔软接坚刚，使坚刚化为乌有"的穷神知化的无上境界，即神化之功的艺境。与道合一，方是真一不二之艺境。

然传统手战之道练、体、用之精义，尚有难以言明之处。待尔练功至大成后，再为补充遗漏之内容，以便后人修炼时有法可取，使得传统手战之道得以正确流传，造福于天下修炼者。

　　兹者按其概略，先仅为跋，以期昭垂于不朽云。尔果能遇有志之贤弟子，当循之代吾山人，代为传点，化施后觉。或有超出者，更吾山人之乐也。吾日望之，直待缘遇，再畅清怀可也

阐释

　　在这里将传统手战之道练、体、用的大概内容，简略陈述一番，又作此"跋"，以期传统手战之道的真法昭明于天下，使传统手战之道造福于后人，成不朽之功德。

　　尔等如遇有志之贤良弟子，当遵此代替吾等修行之人传播、点化。

　　或有天赋资质、功德艺境超出我辈者，可使传统手战之道广为流传，那更是吾等修行之人的最大之乐趣。吾等日日期盼之，直待善缘相遇，再畅谈叙故，聊解清怀，也就可以知足了。

　　南宫许立福敬抄于北平寓所

阐释

　　观此"北平"二字，可知"剑经结文"的抄录时间已是民国之时。再结合"剑髓千言"中"河北云中子立福识"可知，许立福乃河北南宫人。

　　"浑元剑经内外篇原序"中有"光绪二十二年丙申九月戊戌朔日，许国本敬书"的字样。

　　如果聚云山主许地云、许国本、许立福、许仲荷四人是亲族，甚至祖孙三代的话，则此剑经之抄录出于三代人之手。这可

由原抄本作进一步考证。

"剑经结文"到此阐释完毕!《浑元剑经》之全部内容,阐释至此也告一段落。

本人对《浑元剑经》的阐释,权当作抛砖引玉。因本人水平有限,识浅见薄,于剑经所述之功法精髓、至用妙义,难免有阐释不当之处,诚祈诸位前辈与朋友们海涵。

跋

评价一部传统武学著作的价值，至少应从两个方面入手：一是著作完成的历史时期，即著作的历史文化价值；二是著作中武术专业内容的学术水准，即著作的武学价值。《浑元剑经》的成书时期为元末明初，现在传世的其他传统手战之道的经谱皆在其后，仅此一条，其历史文化价值之高已毋庸置疑了。此经中手战之道理、法、术、功、形、意、体、用的内容丰富，明清两代各家经谱所述练、体、用的基本内容，在此经中多有出现，且论述精细微妙，层次分明，具有可行性、可证性、可信性。以下对此经所述的理、法、术、功、形、意、体、用等方面内容的分析，可证此判断不谬。

理：

《浑元剑经》以中华传统文化的"天人合一"思想为核心，建立传统手战之道的理论体系。其又引《易经》《道德经》《黄帝内经》及传统兵法学等内容，阐明"三一一三"宗旨及建德体、至道用的基本观点。其言："浑之为体也，纯而笃静；其为用也，动而多玄。"又论动静刚柔：驭静以动，动中亦静，动静互为其根；柔化刚发，以柔用刚，阴阳迭神其用。这为传统手战之道成为一门独立的学科奠定了坚实的理论基础。

《浑元剑经》还从练用保身的角度，阐明了传统手战之道"无害者顺生机之自然，去其害生机者也""文兼武备将相身"以及健身、技击二者并行不悖的道理。

总之，《浑元剑经》已经基本完善了传统手战之道的"理"。

法：

理明则法密。有其理，便有其法。法有建体之法、至用之法的分别，以下概论之。

建体之法：有内功法的建"健之体"、外功法的建"顺之体"、内外合修的建"健顺德之体"三项基本内容及形、气、神三层功夫艺境之体的修法内容。

至用之法："至妙变化之自出。其身式忽高忽低，或左或右，似进非进，似退非退，进中退、退中进、近而远、远而近，恍惚形如定。其中有诈诳引骇之式、横斜奇正之机，以十二式连合一式，谓之刺猿。非身柔若絮、灵活稳准，难以为此也"，论述了形拳招熟；"攻防招法含形随应致变，皆从他力取法，要在心空灵，而手灵妙，猝变无心动中徨徨之色，动静皆自然，非勉强也。自然之力，由于习惯也。尔等能潜神熟炼，自可时至神知"，论述了气拳懂劲；"寂感遂通"，论述了神拳神明。

术：

术者，变化之道也。从歌诀"精神凝结一团团，动静之为贵自然。随所往来无阻滞，任从指点合先天"中可以知道，顺随为法而实施攻防招法，是其基本攻防变化的技术。而柔化刚发，以柔用刚是其根本的攻防技术。

功：

功夫也，能力也。有体、用的分别。以体言，有形、气、神的三体论。就用而言，有听探、顺化的能力；以柔用刚的攻防能力；至妙变化自出的能力；含形随应致变，时至神知的能力；"务须功力体精神"的能力；层层体现攻防功夫的能力等。

形：

手战之道分为有形和无形。有形者，因形练形，后天之功，果能以先天之神为体用，足以向机御变，因变致神。无形者，极至道成，其妙存乎虚灵之人，其几速于影响。有形者，至妙变化

马国兴释读《浑元剑经》

之自出；无形者，含形随应致变，时至神知。

意：

"不动不牵意诚笃。气随心到，心逐气穿，心能普照，气自周全，久而力自加焉。式如行云流水，无停无滞，瞬息存养，动静轻清而灵，入手神妙，可以进退如意，形无定门，非斜非横，忽高忽低。功夫到此，可谓通真。"此段论述，将务以意会的"意"的练用之法表达得淋漓尽致。

体：

健之体：本乎天之一，养气于至清，则健之体立。顺之体：则乎地之一，融精于至宁，则顺之体立。神之体：此于艮之一，涵神于至灵，则神之体立。浑之体：以灵神，又浑化清、宁而一之，则浑之体立。正所谓"浑化归一之体"。此将健之体、顺之体、神之体、三者合一的浑之体，皆论述得清清楚楚，至极则无形无象，无极之体。论之全矣！正如歌诀所言：

内外全无渣滓质，养成一片紫金霜。
阴阳变化皆归我，变动飞潜各有常。

有建德体之法，便有德体的运用之法。"初基等级详序"中所述系列方法，皆为练法，即为熟而练的方法。该方法明确提出了内外双修，喂手、盘较的系统练法。

用：

有其体，自有其体之用。有刚柔之德体，就有"驭静以动，动中亦静，动静互为其根；柔化刚发，以柔用刚，阴阳迭神其用"的攻防技法之运用。

《浑元剑经》将用法分为"术、道"两个层次立论。术法为"养灵根而动心者，敌将也"，且"至妙变化之自出，非身柔若

跋

271

絮，灵活稳准，难以为此也"；道法为"固灵根而静心者，修道也"，即"含形随应致变，皆从他力取法；要在心空灵，而手灵妙，猝变无心动中惶惶之色，动静自然，非勉强也。自然之力，由于习惯也。潜神熟练，自可时至神知"。

《浑元剑经》还将具体用招法则，定为"因变亦变，逸以待劳，从之以为进退，逆力以为揭献"，即"寄奇于隅内"。经文中又有关于用形、用气、用神之区别的详细论述。真可谓诸用之法全矣！

我们从对传统手战之道的理、法、术、功、形、意、体、用的全部内容的分析中，可以清楚地认识到《浑元剑经》的全面性。其功法、技术的含金量之高是许多经谱无法比拟的。

《浑元剑经》上承春秋战国剑道之余绪，下接明清两朝各家经谱之要略，承前启后，具有重要的学术价值。

《浑元剑经》最显著的特点是既没有提到少林达摩，又没有提到武当张三丰。这为我们认识明清两代传统手战之道提供了新的角度。"内家拳、外家拳"和"内家拳法、外家拳法"两种说法孰是孰非，"明、暗、化"三劲，特别是"形、气、神"三层功夫艺境，在《浑元剑经》中都有涉及。尽管明清两代传统手战之道的大家们多未提及《浑元剑经》，但是他们在练、体、用等诸方面的论述，为什么与《浑元剑经》极其相似，基本法则又如出一辙呢？这都是值得后世研究者深入探究的。

总之，《浑元剑经》的学术地位及价值，尚不是我们今天能够完全认识和把握的，今后还须不断努力。